思维的盛宴

全世界聪明人都在做的200个思维游戏

斗南/主编

中國華僑出版社
北京

图书在版编目 (CIP) 数据

思维的盛宴 : 全世界聪明人都在做的 200 个思维游戏 / 斗南主编 . — 北京 : 中国华侨出版社 , 2018.4

ISBN 978-7-5113-7583-4

Ⅰ . ①思… Ⅱ . ①斗… Ⅲ . ①智力游戏 Ⅳ . ① G898.2

中国版本图书馆 CIP 数据核字（2018）第 041278 号

思维的盛宴：全世界聪明人都在做的 200 个思维游戏

主　　编：斗　南
出 版 人：刘凤珍
责任编辑：待　宵
封面设计：李艾红
文字编辑：贾　娟
美术编辑：李丹丹
经　　销：新华书店
开　　本：880mm × 1230mm　1/32　印张：10　字数：285 千字
印　　刷：北京鑫海达印刷有限公司
版　　次：2018 年 5 月第 1 版　2018 年 5 月第 1 次印刷
书　　号：ISBN 978-7-5113-7583-4
定　　价：32.00 元

中国华侨出版社　北京市朝阳区静安里 26 号通成达大厦 3 层
邮　　编：100028
法律顾问：陈鹰律师事务所
发 行 部：（010）58815874　传真：（010）58815857
网　　址：www.oveaschin.com　E-mail：oveaschin@sina.com

前言

PREFACE

著名科学家霍金说过："有一个聪明的大脑，你就会比别人更接近成功。"思维能力在人成功的过程中起着举足轻重的作用，无论从事什么职业，处于什么岗位，面对什么问题，拥有活跃的思维，都是你能否快速走向成功的关键因素。思维能力的高低体现出一个人的智力水平，而在游戏中培养和锻炼思维能力，无疑是提高智力的好方式。

人类在漫长的征服自然、改造世界、提高自我的过程中，不断开发大脑，总结思维规律，逐渐形成了帮助人们解决问题、辨别真伪、开拓创新的思维知识体系。时至今日，这些知识为全球各个行业精英和各界聪明人士所推崇并广泛实践，形成了一场席卷全球的思维风暴，人们都从中获得了深刻启示，解决了人生中的种种问题，走上了成功之路。解决问题和矛盾的武器是大脑，决胜的关键在于是否拥有先进的思维方式。

思维游戏是锻炼思维能力、提高智力水平的重要方法之一。每个人都渴望成为思维敏捷的聪明人，而实现这个目标的法宝无疑就是思维的盛宴。本书精选了全世界聪明人都爱玩的200个思维游戏，书中的每一个游戏都能让读者在娱乐中带动思维高速运转，强化左脑和右脑的交互运用，从而提高分析力、推理力、思考力、判断力、想象力、记忆力、创造力、逻辑力等多种思维能力。书中的每一个游戏都具有代表性和独特性，游戏者不但可以获得解题的快乐和满足，还可以通过完成各种挑战活跃思维，全面发掘大脑潜能。

这些精彩纷呈的游戏，将带动你的思维高速运转起来，让你越玩越聪明。相信阅读完本书，你的思维将会更缜密，观察更敏锐，想象更丰富，心思更细腻，做事更理性，心情更愉快。

目录

CONTENTS

第一章　逻辑思维游戏　/1

第二章 推理思维游戏 /63

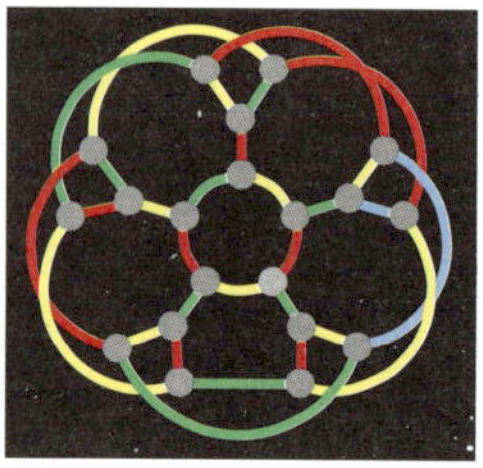

第三章　发散思维游戏　/121

第四章　急智思维游戏　/183

第一章 逻辑思维游戏

001

4 个盒子里的重物

你能否将连续整数 1 ～ 52 放进 4 个盒子中，使得每个盒子里的任意一个数都不等于该盒子里任意两个数的和？

我们已经把数字 1 ～ 3 放进盒子里了。

你能将 4 ～ 52 全部都放进这 4 个盒子里吗？

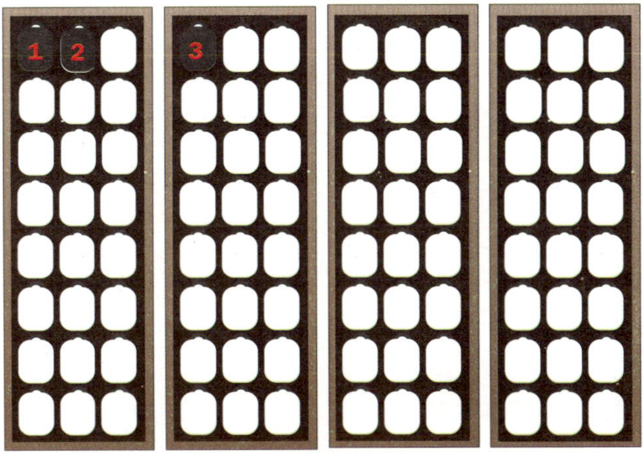

4 个盒子

002

立方体上色

在一个 3×3×3 的立方体表面上涂上红色，然后再把它分成 27 个小立方体。

这里面分别有多少个有 3 个红色表面、有 2 个红色表面和没有红色表面的小立方体？

003

相邻的数

你能否将 1 ~ 9 这 9 个自然数填入圆圈中，使得每个数的所有相邻数之和如图所示。

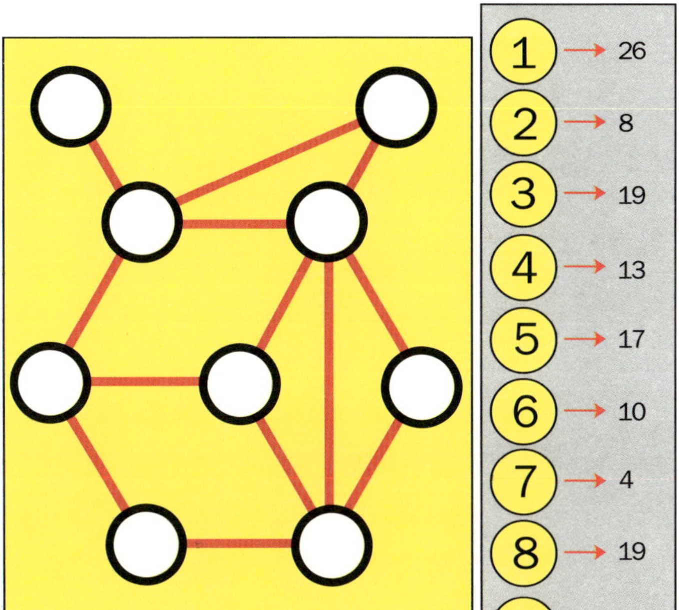

004

邮票藏在哪里

一个小偷去参观国际邮票展览会，以极其高超的手段顺手牵羊偷走了展会上最珍贵的一枚邮票。这一过程恰巧被一名参观者发现了，他随即跟踪小偷到其居住的旅社，记下了房间号，并立即报了案。

时值盛夏，几分钟后，警察大汗淋漓地赶到旅社，立即展开现场搜查。但是他们发现小偷住的那间单人房里除了一架呼呼开着的电扇外，只有一张床、一张方桌和两把椅子。捉贼拿赃，只有见到邮票才能定罪。

据店主说，自从小偷进来后，没有任何人进入这个房间，也没有见到小偷踏出房间半步，这显然排除了转移赃物的可能。警察再次进屋查找，终于把邮票找到了。

邮票到底藏在哪里？你知道吗？

005

十二角星

把这 3 个小的十二角星复制并剪成 24 个部分。
你可以把它们重新组合拼成一个大的十二角星吗？

006

两座塔

这是一个拼图游戏，需要移动几步才能从上面的图形变成下面的图形（图中灰色方块部分是空的）？

A

007

折叠图形

A 可以折叠出 6 个选项中的哪一个？

B

C

D

E

F

G

008

谁盗走了项链

一个小城镇的珠宝商约翰收购了一条镶满宝石的项链，价值连城。他把这条项链放在一个金属首饰盒里并锁了起来，外面还用封条封好，没遇到知心朋友或懂行的人，他不会轻易拿出来。

一天，3个经常光顾珠宝店的富商A，B，C慕名来访，约翰打开了珍宝盒，让他们观赏这条项链。大家观赏后约翰拿了一张封条，涂上糨糊，将珍宝盒重新封好，便陪同A，B，C 3个人到客厅闲谈。言谈中约翰发现，3个人的手指都有毛病：A的食指发炎了，涂着紫药水；B的拇指被毒虫咬伤

了，涂着碘酒；C 的拇指划破了，涂着红药水。谈话间这 3 个人都上过厕所。谈兴正浓时，约翰的好友林德来访，也要看一看项链。约翰带着林德来到珍宝室，撕开刚刚粘上的湿封条一看，盒中的项链不见了。

林德问明了情况，得知偷项链的是 A，B，C 3 人中的一个。他俩回到客厅，当林德看到 3 个人的手指时，便指着其中一位说："盗窃项链的就是他！"

你知道盗窃者是哪位吗？林德的依据是什么？

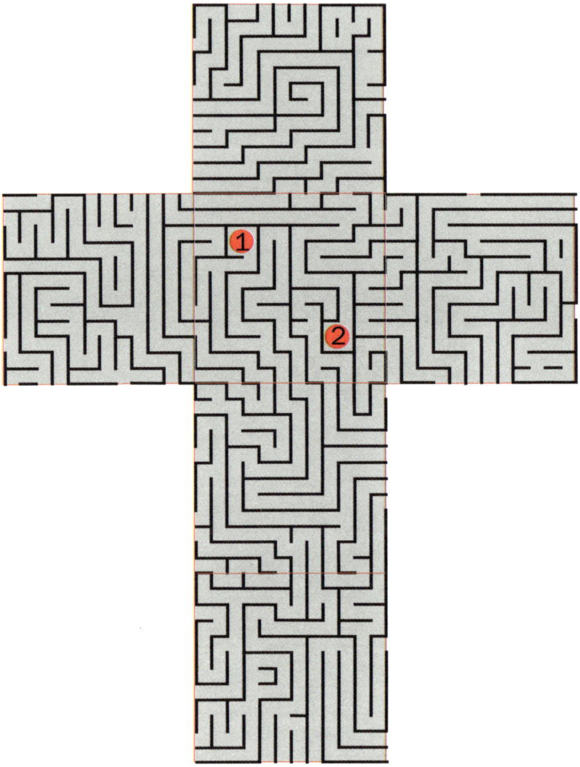

009

立方体迷宫

把这张迷宫图复制并剪下来，再折成一个立方体。然后试着从 1 处走到 2 处。看你最快多久能够完成。

010

金字塔迷宫

把这张迷宫图复制并剪下来，再折成一个金字塔。看看你能不能走出来。

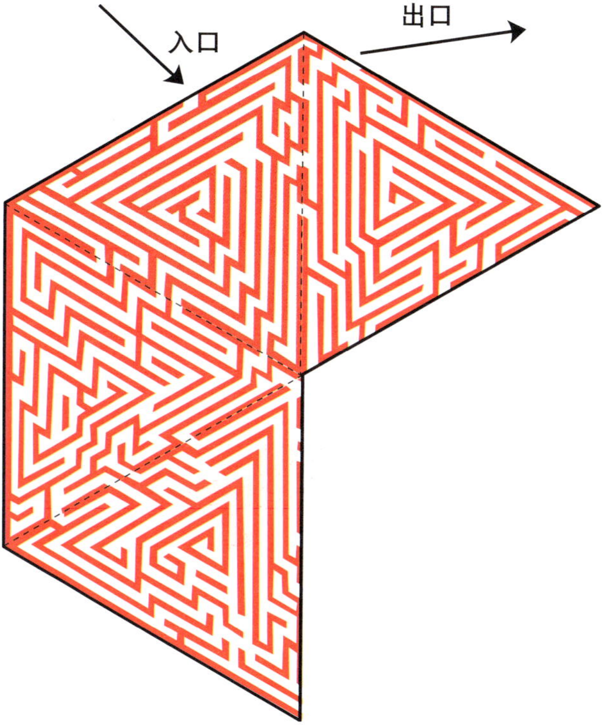

011

六格拼板

六格拼板是包含6个格子的多格拼板。

六格拼板一共有35个，它们可以覆盖一个15×15的正方形，中间留下一个3×5的矩形。

你能将所给出的12个六格拼板填入下页的拼图中，将拼图补充完整吗？

012

五格六边形

一共有 22 个五格六边形，其中的一部分组成了大图形。你能说出右边的 4 个五格六边形中哪些在大图形中没有用到吗？

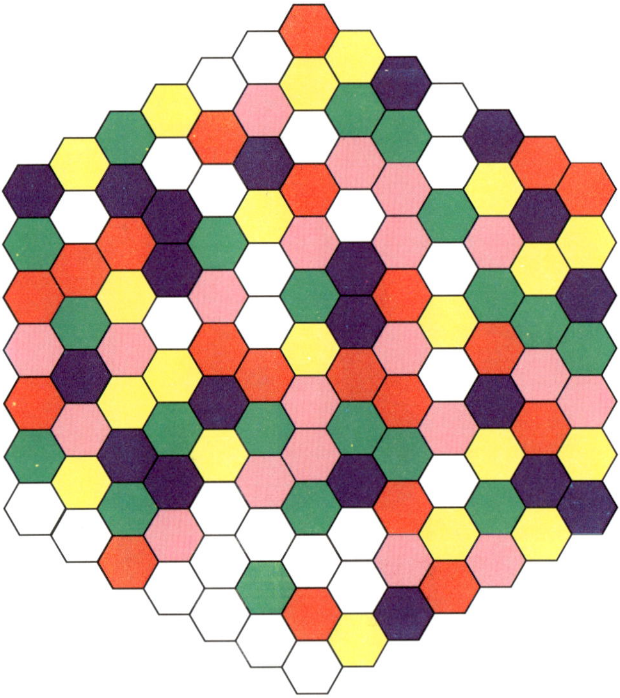

013

钻石大盗的计谋

在一辆特快列车的餐车里，穿着华贵的休斯敦夫人和年轻姑娘詹妮弗谈得十分投机。其实詹妮弗是个钻石大盗，这次她瞄上的是休斯敦夫人随身携带的价值一百多万美元的珠宝。

凌晨3点30分，乘客们都在熟睡时，詹妮弗提着一个塑料包悄悄来到休斯敦夫人的包厢门前，取出一件金属工具和一个带吸管的小玻璃瓶，从锁眼里吹入迷药，迷倒了休斯敦夫人。10分钟后，得手的詹妮弗回到自己的包厢，安然入睡。

天亮时，休斯敦夫人发觉自己的珠宝全部被盗，于是赶紧报警。列车在前方车站停下后，警长带人上车进行调查。由于列车夜间没有停靠过任何车站，所以珠宝肯定还在车上。

警察和休斯敦夫人一起，对车上的每位乘客逐个进行了严格的检查。查到詹妮弗时，休斯敦夫人忽然看到行李架上有一个衣箱看上去很眼熟。可是打开衣箱一看，里面只是一些随身的衣物而已。搜查进行了4小时之久，却没有发现珠宝的影子。警长只能带着手下垂头丧气地离开了。

后来，詹妮弗带着她收获的珠宝，回到了自己的住所。

詹妮弗究竟是用什么巧妙的办法骗过了警察呢?

014

隐藏的图形

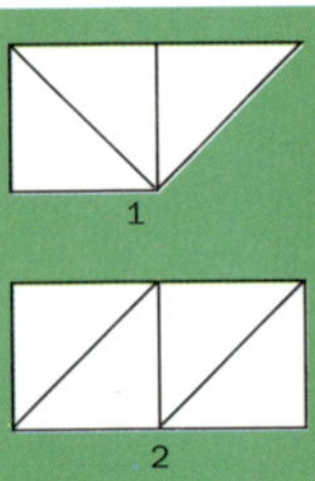

图形 1 和图形 2 分别如左图所示，请问在下图中你能够找到几个图形 1 和几个图形 2？其中图形 1 和 2 上面允许有其他的线段穿过。

015

折叠 6 张邮票

如图所示，6 张邮票组成了一个 2×3 的长方形。沿着邮票的边缘（锯齿）处折叠可以折出很多种上下组合。

这里给出了 4 种组合，请问其中哪一种是不可能折成的？

最后折出来邮票朝上朝下都没有关系。

1　　2　　3　　4

016

是走错房间了吗

夏威夷是一个美丽的地方，每年来这里度假旅游的人络绎不绝。

多里警长今年也来这里度假，他住在海边一家四层楼的宾馆里。这家宾馆 3、4 两层全是单人间，他住在 404 房。

这天，游玩了一天的多里草草吃了晚餐便回到房间，他想洗个热水澡，早点休息。正当他走进浴室准备放水时，听到了两声“笃笃”的敲门声，多里以为是敲别人的房门，没有理会。一会儿一位陌生的小伙子推开房门，悄悄地走了进来。原来多里的房门没有锁好。

小伙子看到多里后有些惊慌，但很快反应了过来，彬彬有礼地说：“对不起！我走错房间了，我住 304。”说着他摊开手中的钥匙让多里看，以证明他没有说谎。多里笑了笑说：

“没关系，这是常有的事儿。”

小伙子走后，多里马上给宾馆保安部打电话：“请立即搜查 304 房的客人，他正在 4 楼作案。”

保安人员迅速赶到 4 楼，抓到了正在行窃的那个小伙子，并从他身上和房间里搜出了首饰、皮包、证件、大笔现钞和他自己配制的钥匙。

保安人员不解地问多里：“警长先生，您怎么知道他是窃贼？”

你知道这是怎么回事吗？

017

折叠 8 张邮票

你能否将这 8 张邮票沿着锯齿处折叠，使邮票折叠以后从上到下的顺序是图中的 1 ～ 8？

最后折出来的邮票朝上朝下都没有关系。

018

折叠正方形

将一个大正方形两边对折，折成它 1/4 大小的小正方形，然后用打孔器在小正方形上打孔，见每行最左边的小正方形。

将小正方形展开，会得到一个对称图形。

你能说出 4 个小正方形对应的展开图分别是哪个吗？

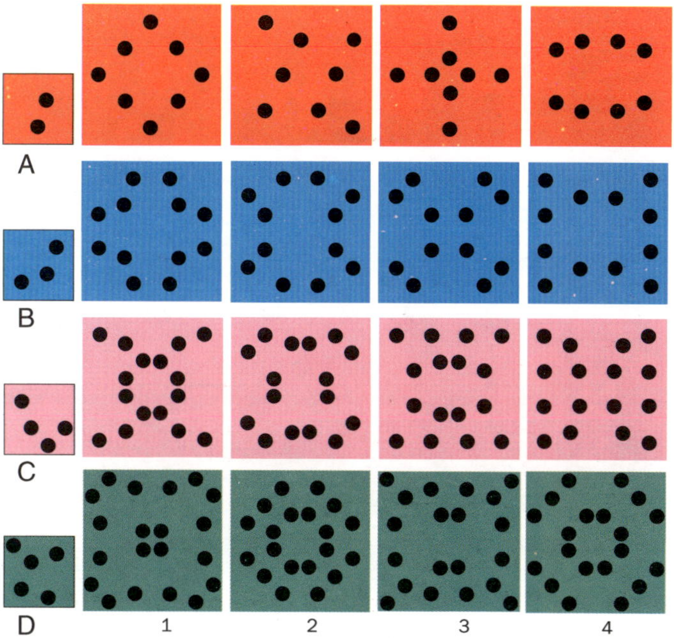

019

方块里的图形

所有黑色方块里的图形都能在与它同一横行或者竖行的灰色方框内找到一个与它一模一样的图形。

某一个灰色方块内少了一个图形，你能把它找出来吗？

020

色子家族

一个色子家族正在举行宴会，来参加宴会的色子中，有一位是这个家族的客人，你能把它找出来吗？

021

第一感觉

仅凭你的第一感觉，迅速找出外环的射线中跟图中4个正方形内的颜色顺序相同之处。

022

园艺家是个骗子

“我要发财了！”约翰高兴地告诉他的朋友波洛侦探，“我刚认识了一位园艺家。他说只要我肯出5000美元，他就卖给我一盆花。这种花叫球茎紫丁香，它可是世界上极其罕见的一年生植物。”

约翰兴致勃勃地说：“那位园艺家告诉我，每年这盆植物开花结果之后，我都可以把它的种子拿去出售。由于这种植物十分罕见，肯定能卖出大价钱。”

“省省吧。”波洛打断了他的话，“这个园艺家是个骗子。”

波洛是怎么知道的？

023

最小的图形

马蒂是一个艺术家，他的作品因能给人的视觉带来多样性而备受推崇。

请问马蒂在这 6 幅图中使用了多少种基本图形？

024

锯齿形彩路

这 8 个棋子的每一条边都包含 6 种颜色。你能否分辨出棋子经过旋转后（不改变它们在游戏板上的位置），哪种颜色能形成一条封闭的环形线路?

025

镜面七巧板

每张卡片上描绘的都是4个形状的其中2个的镜像。

你能找出每张卡片中镜子所处的位置吗？以及该卡片上的2个形状分别是什么样的吗？

A　　B　　C　　D

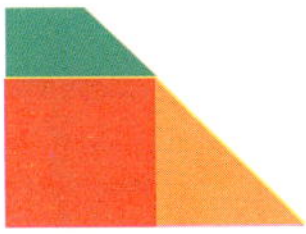
A

B

C

D

026

三阶拉丁方

你能将这些色块分配到网格中并使得每一种颜色在任何一行或列中仅仅出现一次吗？有 12 种不同的三阶拉丁方。你能把它们都找出来吗？

027

今年冬天的第一场雪

这是镇上今年冬天第一次下雪，雪下得很大，地上积雪很深，大约有 30 厘米左右。

就在当天晚上，镇上那家小银行发生了失窃案，窃贼盗走了银行保险箱里所有的现金。

警察立刻开始调查，发现了一个可疑对象，他是个单身汉，两个星期前刚刚在银行附近租了一间平房。

第二天一早，警长带着两名警察来到了这个人的住处。这间平房外表看上去很简陋，房子的屋檐上还挂着几根长长的冰柱。

这个男子打开门之后，把警察让进了屋里。警长对他进行了询问："昨天晚上你在哪里？"

"我两天前就到外地去了，今天早晨刚刚回来，还不到一个小时。"男子想了一下，说道。

警长看了看他的屋子外面，厉声说道："你在撒谎！"

警长为什么会这么说？

028

图案速配

试试看，用最快的速度从下一页上分别找出与本页的 30 幅图完全相同的图案。

1	2	3	4	5
6	7	8	9	10
11	12	13	14	15
16	17	18	19	20
21	22	23	24	25
26	27	28	29	30

029

等积异型魔方

复制并裁下所给出的6个图形。将它们重新组合成一个魔方，每一行、每一列都有6种不同的颜色。想要尝试更大的挑战吗？那就不要将图形裁下，尝试心算解题。

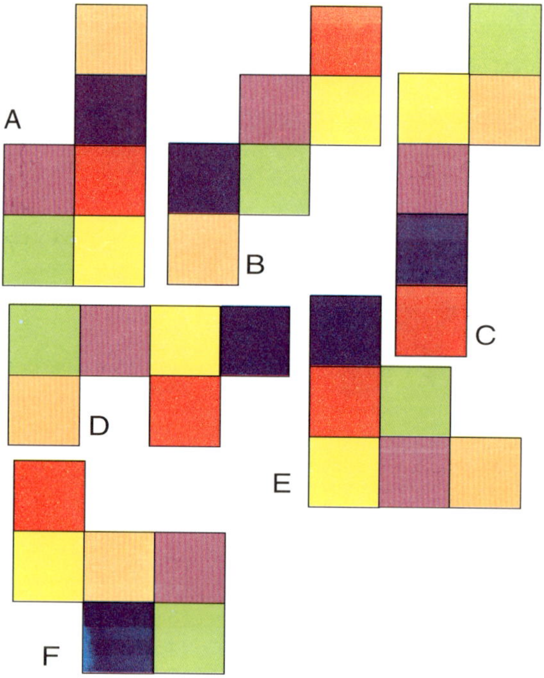

030

不完整正方形的个数

下图是若干个全等正方形不规则地排列在白色的桌面上，但是在这些正方形上面铺了一张有镂空图案的白色桌布，把很多正方形都部分地覆盖住了。

现在看着这幅图，请问你还能数出桌子上正方形的个数吗？

031

死在阿尔卑斯山

在阿尔卑斯山顶的一间小木屋里，人们发现了一具尸体。法医解剖尸体后发现，其死亡时间在当日下午 2 点至 2 点 30 分之间。

死者名叫乔，他是和另外三人一同来登山的，而且这段时间没有其他人爬上过山顶。显然，这三个人中必定有一个是凶手。

不过，在面对警方的调查时，这三个人都宣称他们当时不在山顶，而是在山脚下的旅馆里。

杰森说，他在正午时离开小屋，沿着山路下山，5点多才到达旅馆。这是一段很难走的道路，杰森花了5小时20分，算是相当快的了。

罗伯特说，他和约翰在1点30分一同离开山顶，走了半个小时后来到一条岔路，罗伯特自己就用随身带的雪橇往下滑，4点整到达旅馆。

而约翰则说，他本来也打算滑雪下去，不料他放在半山腰的滑板不见了，他只好走下山去。由于他在上一次登山中弄伤了腿，所以走得很慢，到达旅馆时已经8点多了。

他们说的话似乎都很合理。那么，究竟谁是凶手呢？为什么？

032

立方体上色游戏

8 个小立方体组成了一个 2×2×2 的大立方体。

请你给这个大立方体表面的 24 个小正方形上色，使得每两个共一条边的小正方形的颜色都不相同。

最少需要多少种颜色？

033

加减

从下面的竖式里去掉 9 个数字，使得该竖式的结果为 1111。应该去掉哪 9 个数字呢？

$$
\begin{array}{r}
111 \\
333 \\
555 \\
777 \\
+\ 999 \\
\hline
1111
\end{array}
$$

034

毕达哥拉斯正方形

你可以把这 12 个图形重新拼成一个完整的正方形吗?

035

滚动色子

使色子的一面与棋盘格的大小相等，然后将色子滚动到邻近的棋盘格，那么每移动一次，色子朝上那一面的数字就会变化。

如图所示，一个色子放在棋盘格的中央，要求滚动 6 次色子，每次滚动一面，使得它最后落在图中红色的格子里，并且色子的“6”朝上。

036

棋盘正方形

在一个象棋棋盘上一共有多少个正方形？你可能会想当然地说是 64 个。不要忘了，除了小的棋盘格以外，还有比它大的正方形。

你能说出这个棋盘上正方形的总数吗？

你能找到一种计算大正方形（边长包含 n 个单位正方形）里所含的所有正方形的个数的公式吗？

037

迅速破案

一天上午，汤姆和杰米去看望住在郊区别墅的辛普森太太。平常他们要进去都要按门铃，今天的门却是虚掩着的。汤姆和杰米推开门进去，在一楼餐厅里发现了辛普森太太的尸体，看上去，她已经遇害十多天了。

她是在用餐的时候遭到突然袭击的，一柄尖刀贯穿胸口，夺去了她的生命。凶手随后洗劫了整幢别墅。

汤姆和杰米伤感地坐在别墅前面的台阶上，送来的报纸堆满了整级台阶，而订阅它的人永远不会再读报了。别墅的台阶下，还放着两瓶早已过期的牛奶，也是辛普森太太订的。聪明的汤姆看到以后，马上就知道凶手是谁了。你知道吗？

038

滑行方块

下页的图是一个大型仓库的平面图。仓库里的货物箱用红色方块表示，仓库里的工作人员用蓝色方块表示。

我们的任务是要将所有的货物箱都推到图中最顶上的储物区。工作人员只能自己来推动箱子，可以横向或者纵向推动箱子，但是不能斜向推动。一次只能推动一个箱子。推一次看做是一步，不管这一步有多远。如例子所示，右边工作人员推一个箱子用了 2 步。

解决这个问题一共需要多少步？

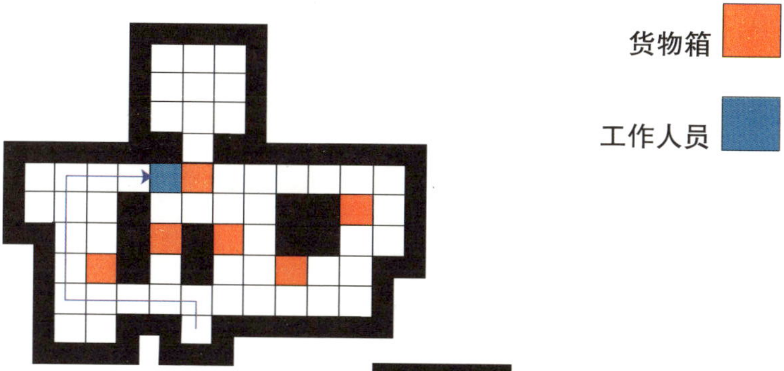

货物箱
工作人员

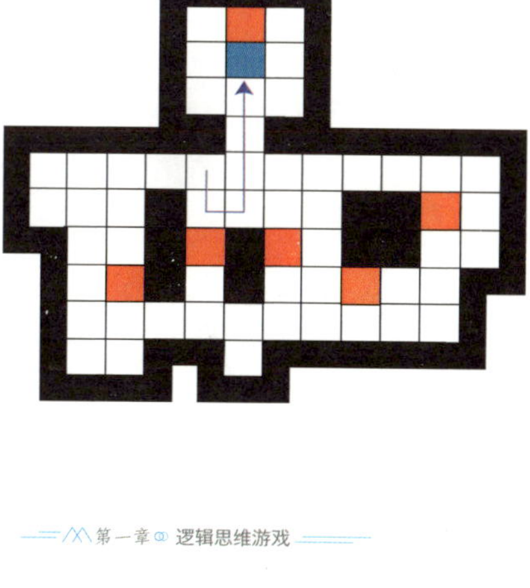

039

五格六边形游戏板

5 格正六边形有 22 种组合方法，如图所示。

你能否将这 22 个五格六边形全部放进下页的游戏板中去？

五格六边形游戏板

040

棋子

将 16 枚棋子放入游戏板中，使水平、竖直和斜向上均没有 3 枚棋子连成直线，你能做到吗？

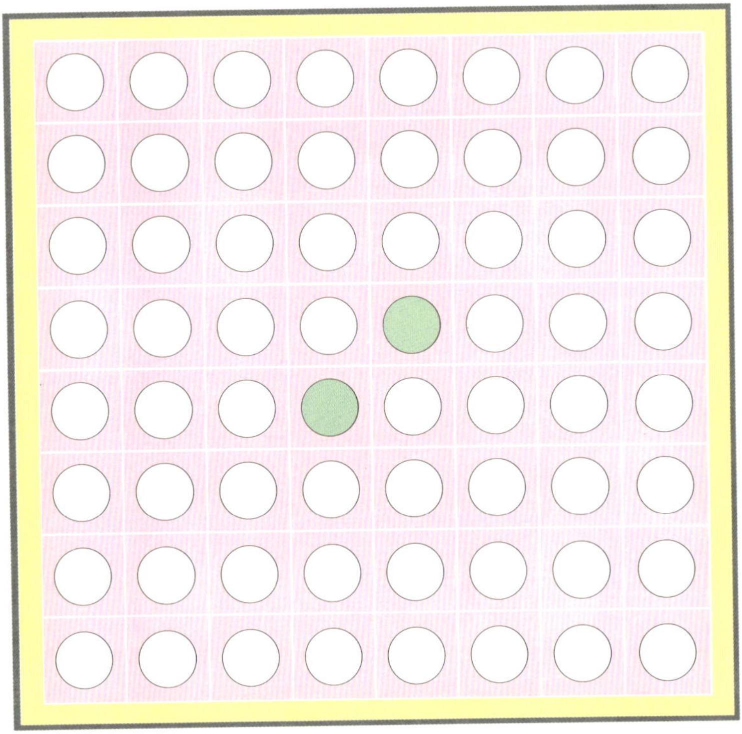

041

父亲和儿子

父亲和儿子的年龄个位和十位上的数字正好颠倒，而且他们之间相差 27 岁。

请问父亲和儿子分别多大？

042

多米诺骨牌

有人在砌一堵墙。你能替他完成这项工作，把剩下的 7 张多米诺骨牌插入相应的位置吗？但是要记住，每一行中要包括 6 组不同的点数，而且这些点数相加的和要与每行右侧的数值相等；每一列也要包括 3 组不同的点数，且这些点数相加的和也要与底部的数值相等。

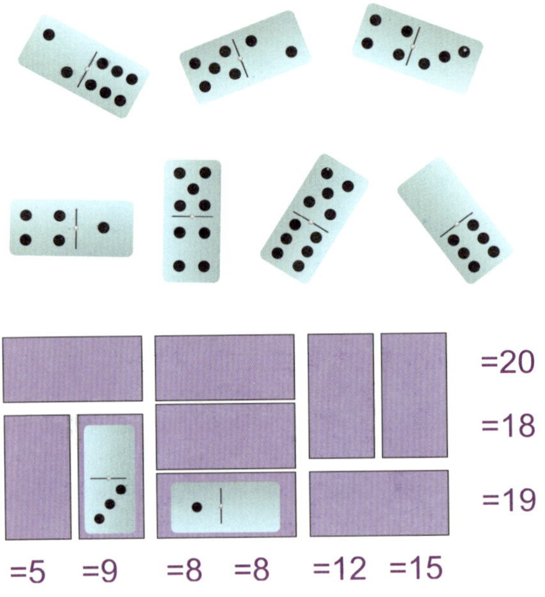

043

失窃的海洛因

一家综合医院里，深夜，罪犯潜入药房，从药品柜里盗走一大瓶只贴着化学式标签的海洛因。当时因被保安人员发现，所以罪犯用匕首刺死保安人员后逃走了。

经调查，找出两个嫌疑人；一个是刚来医院不久的实习医生，另一个是前几天才进医院的患者，是个青年农民。

作案现场的药品柜里摆着许多药瓶子，但罪犯只拿走了装着海洛因的瓶子。

试问，罪犯是谁呢？

044

战俘的帽子

第二次世界大战中，一个战俘营里有 100 名战俘。战俘营的看守准备将他们全部枪毙，司令官同意了，但是他又增加了一个条件：他将向这些战俘提一个问题，答不出来的将被枪毙，答出来的则可以幸免。

他把所有的战俘集合起来，说：

“我本来想把你们全部枪毙，不过为了公平起见，我准备给你们最后一次机会。一会儿你们会被带到食堂。我在一个箱子里为你们准备了相同数量的红色帽子和黑色帽子。你

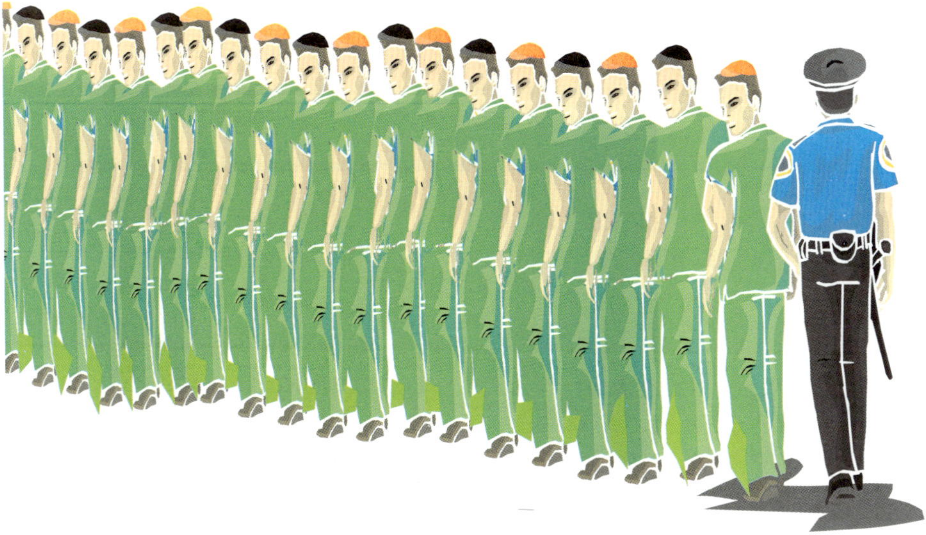

们一个接一个地走出去，出去的时候会有人随机给你们每人戴上一顶帽子，但是你们谁都看不到自己帽子的颜色，只能看到其他人的，你们要站成一列，然后每一个人都要说出自己戴的帽子是什么颜色。答对的人将会被释放，答错了，就要被枪毙。”

之后，每一个战俘都戴上了帽子，现在请问，战俘们怎样做才能逃脱这场灾难呢？

045

最长路线

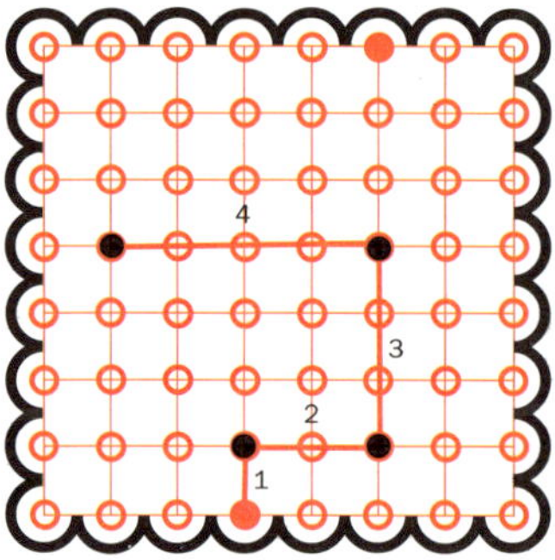

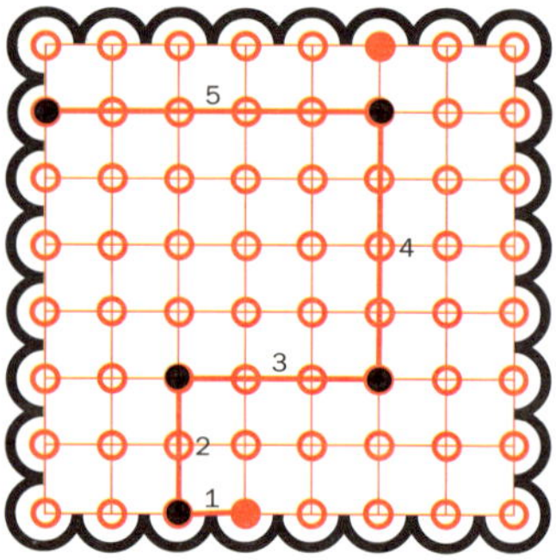

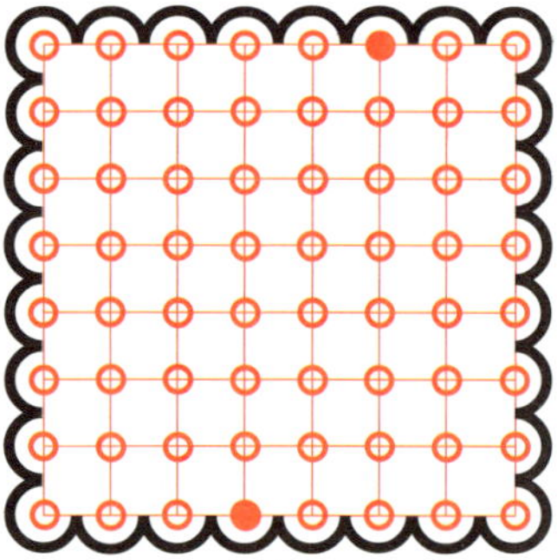

在这个游戏里，需要通过连续的移动从起点到达终点，移动时按照每次移动 1, 2, 3, 4, 5, … 个格子的顺序，最后一步必须正好到达终点。

必须是横向或是纵向移动，只有在两次移动中间才可以转弯，路线不可以交叉。

上面分别是连续走完 4 步和 5 步之后到达终点的例子。你能做出左下角的题吗？

046

3 个小正方形网格

你能否将下面的格子图划分成 8 组，每组由 3 个小正方形组成，并且每组中 3 个数字的和相等？

9	5	1	6	8
1	3	5	4	8
5	7		3	4
8	2	7	6	2
5	6	4	2	9

047

小镇的烦心事

小镇的居民近来遇到了一大堆的烦心事，不但犯罪率居高不下，而且失业率高涨，更糟糕的是，公交公司的工人由于工资太低，正在罢工。一切似乎都乱了套，而让人们觉得雪上加霜的是，一向乐善好施的布莱克夫人竟然被杀害了！警方在现场拘捕了两个嫌疑人——流浪汉菲利普和银行职员托马斯。

菲利普的供词如下：“我正在街上溜达，想找点吃的，突然听到一个妇女在尖叫。我跑过拐角，看到布莱克夫人躺在地上，托马斯正站在她身边。他一看见我，立刻拔腿就跑。

于是，我就打电话给警察了。”

托马斯则是这样说的：“我正在坐公共汽车，准备去我常去的那家俱乐部找几个朋友玩扑克。刚下车，我就听到拐角处有人发出一声尖叫。我冲过去，看到菲利普正在用刀刺布莱克夫人。我本想抓住他，但他却跑了。于是，我就叫了警察。”

根据供词，警方立刻发现了谁是凶手，并逮捕了他。

你知道凶手是谁吗？

048

贝克魔方

你能将数字 1 到 13 填入图中的灰色圆圈中，使得每组围绕彩色方块的 6 个圆圈之和相等吗？

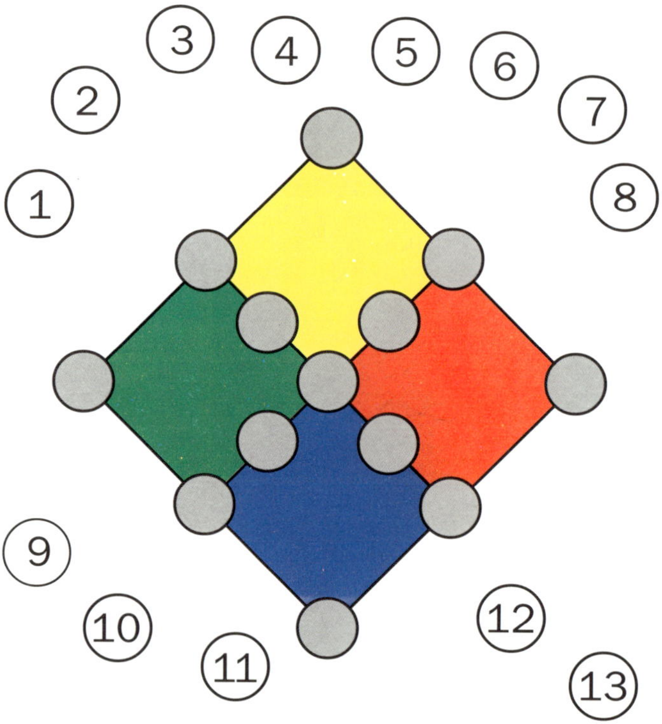

049

九宫图

将编号从 1 到 9 的棋子按一定的方式填入游戏中的 9 个小格中，使得每一行、每一列以及两条对角线上的和都分别相等。

050

七角星魔方

你能将数字 1 到 14 填入七角星圆圈内，使得每条直线上的数字之和为 30 吗？

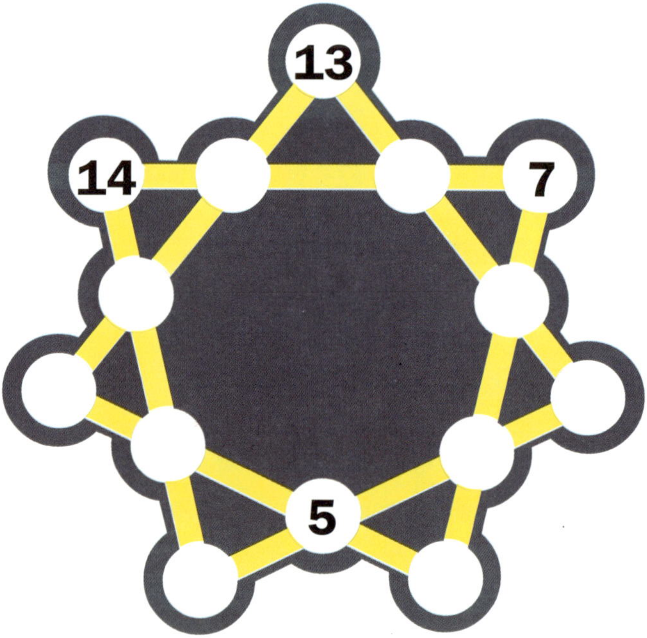

第二章

推理思维游戏

051

立方体朝向

一个立方体可以有 24 种不同的摆放方式（即不同的朝向）。请你在图中的空白处画上正确的颜色。

052

富兰克林的细胞自动机

富兰克林的细胞自动机是最早的自动复制的机器之一。这个被复制的图案的原型如图 1。在图 1 的基础上每一步将会按照下面的规则增加或减少细胞：

如果细胞横向或纵向相邻的红色细胞数是偶数，那么该细胞下一步变为黄色；如果细胞横向或纵向相邻的红色细胞数是奇数，那么该细胞下一步变为红色（下页的图中直观地展现了这一规则）。

请问要使原来的图形被复制成 4 份至少需要几步？

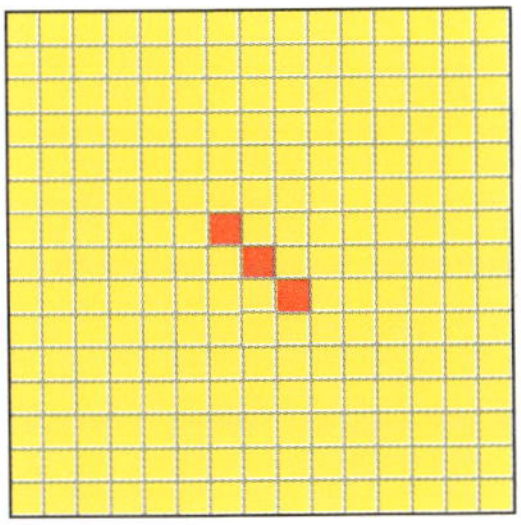

1

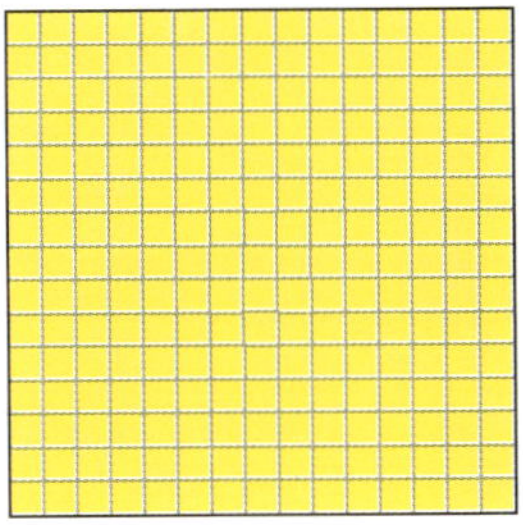

2

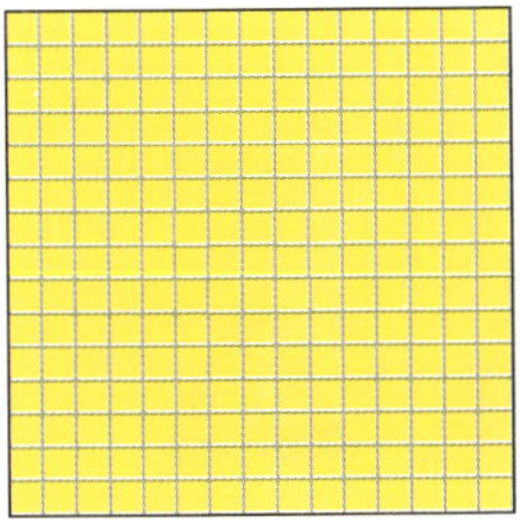

3

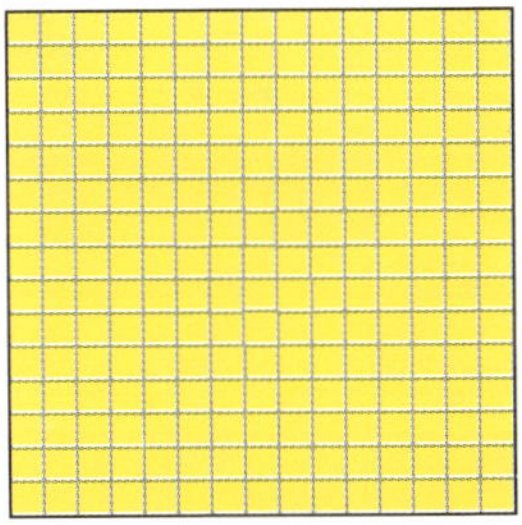

4

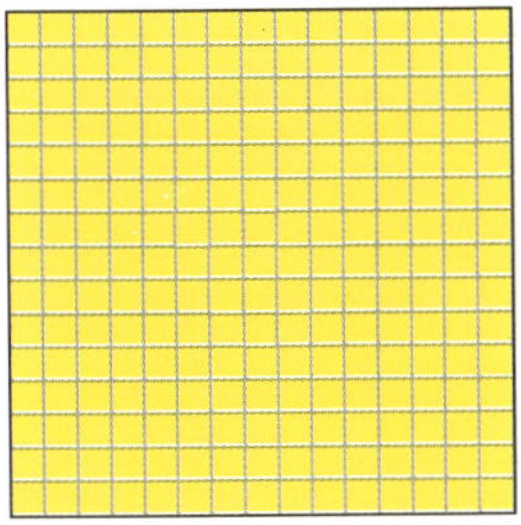

5

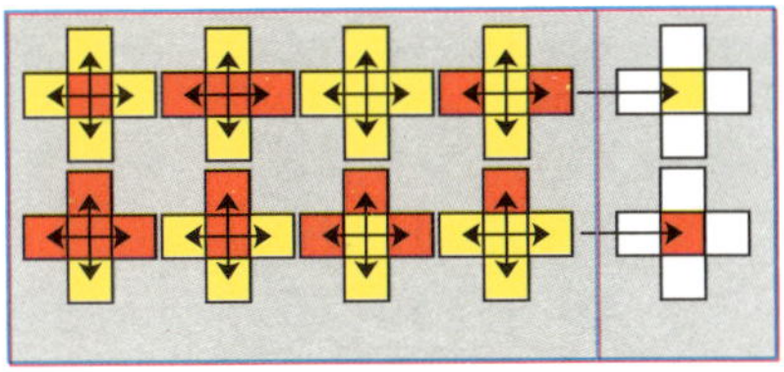

053

排队

看下面的图示，5 个人排成一行（5 个人中男孩和女孩各自的人数不确定），问有多少种排列方法，可以使每个女孩旁边至少有一个女孩？

054

举起自己

如果这个女孩将绳子向下拉，她能否令自己坐着的这端向上升？

055

谁是劫匪

警官墨菲在街上巡逻时忽然听到争吵声。于是他上前查看，原来有两个男子正在争夺一块手表。这两个男子中有一个身体强壮，穿着十分得体，好像是个白领；而另外那人则身体消瘦，还穿着一条短裤，看模样像是一个蓝领工人。

看到墨菲，两人连忙停手，转而向墨菲诉说起事情的经过。身体消瘦的男子说：“我下班回家时，这个人突然走过来，想强抢我的手表。”身体强壮的男子则对墨菲说：“你不要相信他的鬼话。这块手表很名贵，这个人怎么有资格戴呢？”

墨菲仔细看了看这两个男子，然后拿起手表看了看。接着，他将手表交给身体消瘦的男子，并掏出手铐，铐住了身体强壮的男子。

请问：墨菲为什么能断定身体强壮的男子是劫匪？

056

瓢虫花园

在图中的格子里一共藏有 13 只瓢虫，请你把它们都找出来。

方框里的每朵花上面都写有一个数字，这个数字表示的是它周围的 8 个格子里所隐藏的瓢虫的总数。见例子。

有花的格子里没有藏瓢虫。

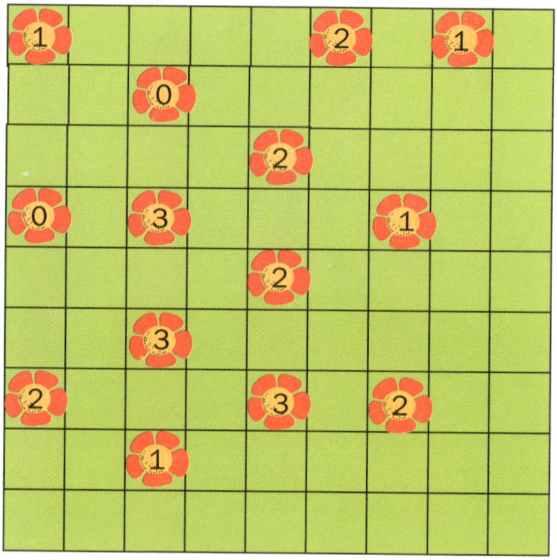

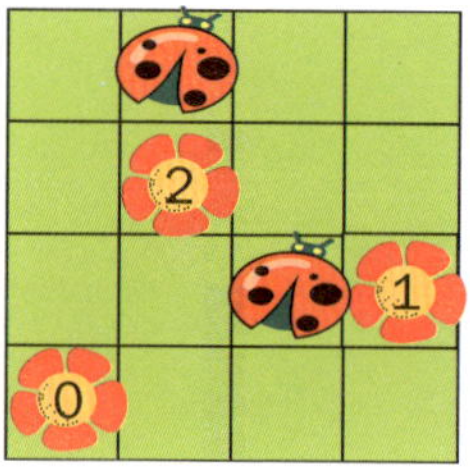

057

金表被盗

一家商厦发生了一起盗窃案，一块珍贵的金表被盗。警察根据现场留下的线索，拘捕了4个嫌疑人。他们的供词如下：

埃迪说："我看见金表是布朗偷的！"

布朗说："不是我！金表是查理偷的。"

查理说："布朗在撒谎，他陷害我。"

戴维说："金表是谁偷去了我不知道，反正我没偷。"

最后经过调查证实，4个人中只有一个人的供词全部是真话，其余的人都说了谎。

请问：究竟谁是小偷？

058

第 12 根木棍

木棍摆成如图所示的图案，按怎样的顺序将它们拿开才能最终“解放”第 12 根棍子？记住：每根木棍被拿掉时上面不能压着别的木棍。

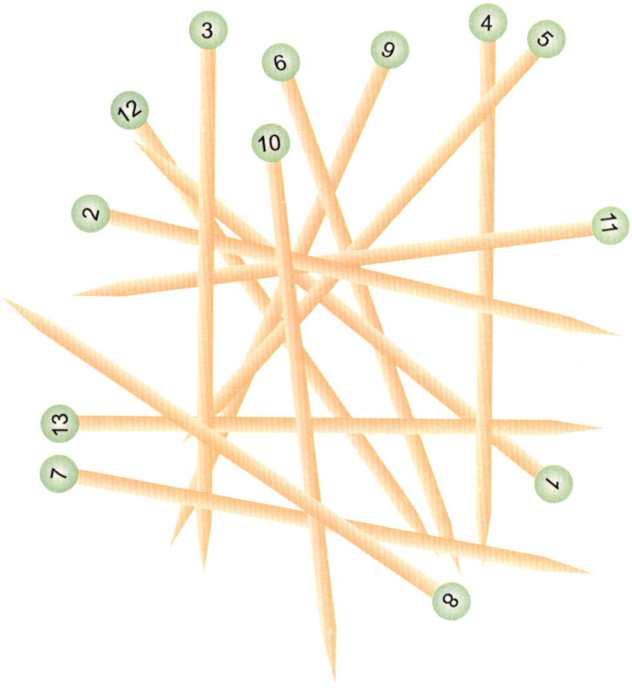

A

B

C

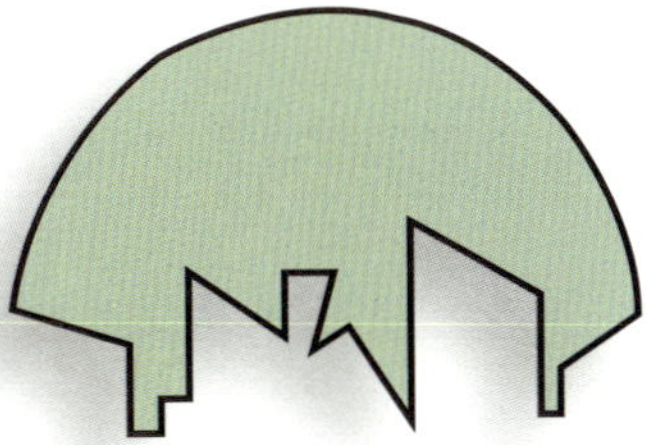

D

059

拼整圆

4 幅图中只有 2 幅能够恰好拼成一个整圆，是哪两幅呢？

060

黑暗中的手套

抽屉里面一共放了 2 双黄色手套、3 双红色手套、4 双绿色手套以及 5 双蓝色手套。这些手套都杂乱地摆放着。

现在要在黑暗中从抽屉里拿出手套，要求至少拿到一双相同颜色的手套，并且左右手配套。请问至少需要从抽屉里拿出多少只手套才能完成任务？

061

对称轴

这 5 个图案中哪几个图案的对称轴不是 8 条？

062

一桩离奇的凶杀案

一个酷热的晚上，发生了一宗奇特的凶杀案。一个中学的男教师，被人发现倒毙在地上，上身赤裸。

警方经过调查，发现死者是被人勒死的。据现场侦查，警方很快就拘捕了两个嫌疑人。

第一个，是死者的弟弟，他是个游手好闲的流氓，染上了毒瘾，经常向他的哥哥索要钱财，两兄弟也发生过争吵。

第二个，是个被开除的学生的家长，他为人粗暴，脾气很差，他因儿子被开除而大发脾气，怀恨在心。

根据死者现场的环境，警方估计案情大概是这样：死者在住所的窗前，看到来找他的人，于是开了门，结果却遭袭击身亡。

你认为，哪个人才是凶手呢？

063

缺少的图形

5 个选项中哪一个可以放在空白处?

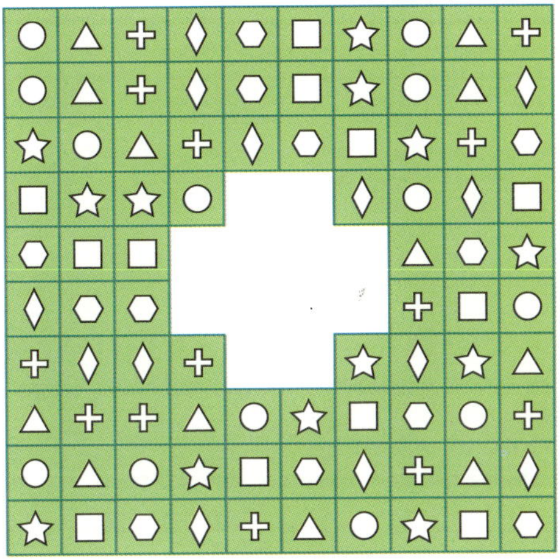

A

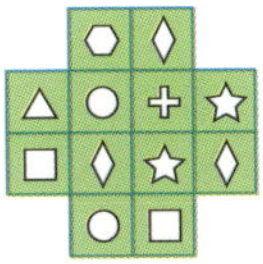

B

C

D

E

064

帽子的颜色

如图所示，马戏团里的 4 个小丑前后站成一排。他们中有 2 个人戴着红色的帽子，另外 2 个人戴着绿色的帽子。这一点每个观众都知道，但是小丑并不知道自己头上帽子的颜色，同时他们都不允许转头向后看。

哪一个小丑最先知道自己帽子的颜色？注意：其他小丑看不见小丑 D，因为他身后的海报挡住了他们的视线。

A
B
C
CIRCUS
D

065

玻璃杯

如图所示，10 个玻璃杯放在桌子上，5 个正放，5 个倒放。每次拿任意 2 个杯子，并将它们翻转过来。不断重复这个过程。

你能否让所有的杯子全部正过来？

066

过河

3 只猫和 3 只老鼠想要过河，但是只有一条船，一次只能容纳 2 只动物。无论在河的哪一边，猫的数量都不能多于老鼠的数量。

它们可以全部安全过河吗？

船最少需要航行几次才能将它们全都带过河？

067

双重间谍

一个刺探情报的罗马双重间谍 R，不知被谁杀死了。他临死前，用身上的血写了一个“X”。据分析这个“X”指的是杀死他的人。而杀死他的人是这 3 个间谍（如图所示）中的一个。你知道是谁吗？

068

升旗与降旗

如果最下面的齿轮按逆时针方向旋转，那么最上方的旗子是会上升还是会下降呢？

069

向上还是向下

如果将左下角的红色齿轮逆时针转动，图中的 4 个重物将分别怎样移动？哪 2 个向上，哪 2 个向下？

070

黏合纸环

拿出一个纸条，把它剪成如图所示的样子，那么纸条的每一段就分别有 3 个接口处。

把接口 1 和接口 4 黏合。

把接口 2 从接口 1 的下面绕过去，把接口 5 从接口 4 的上面绕过去，然后把接口 2 与接口 5 黏合。

把接口 6 从接口 5 的上面绕过去，然后从接口 4 的下面绕过去，最后把接口 6 和接口 3 黏合。

请问现在沿着图中红色的线把图形剪开，会得到一个什么样的图形？

071

瓷砖图案

上图和右图是给出的两个瓷砖图案，请问最少需要几种图形来构成这两个图案？

072

奇怪的钟表并不怪

帆帆的爸爸喜欢收藏一些稀奇古怪的东西。有一次，帆帆进入爸爸的书房，看到桌上的电子时钟显示 12 点 11 分。20 分钟后，他到爸爸的书房去，却看到时钟显示为 11 点 51 分。帆帆觉得很奇怪，40 分钟后他又去看了一次钟，发现它这一次显示的是 12 点 51 分。这段时间没有人去碰这个时钟，爸爸又是用这个钟在看时间，这究竟是怎么回事呢?

073

动物园的围栏

这 3 个围栏的面积相同，请问制作哪个围栏所用的材料最少？

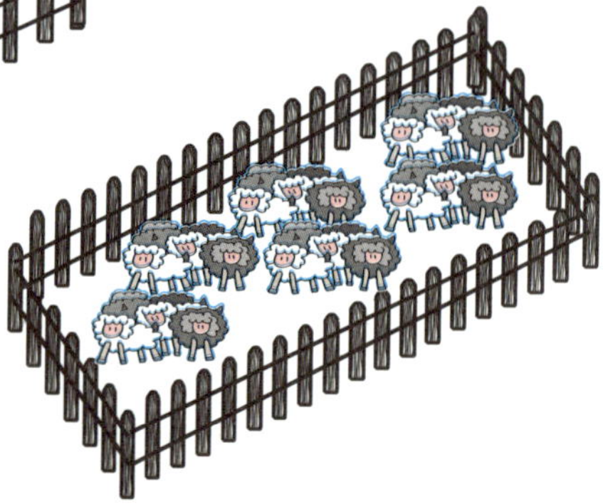

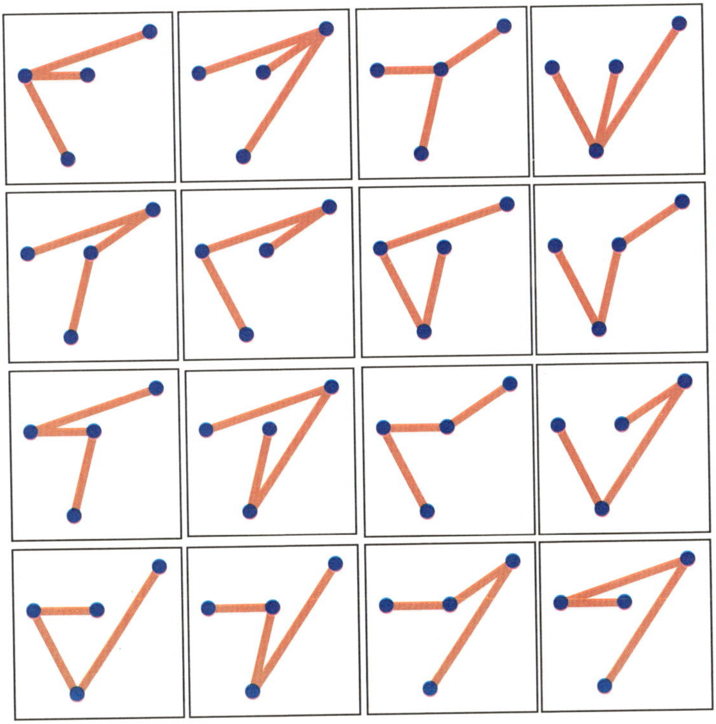

074

四点生成树

如图所示，图中的 4 个点分别是 4 个城市的位置，红色的线段是城市之间的公路。

问这 16 幅图中哪幅图的公路总长度最短？

075

找面具

在下面的一组面具中有一个带有生气表情的面具，看看你多久能够找出来。

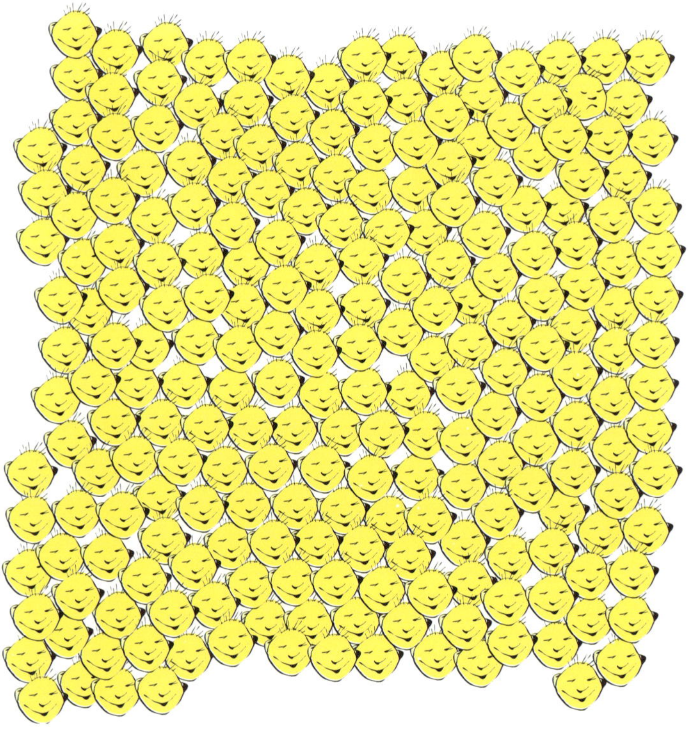

076

数字 1 到 9

将数字 1，2，3，4，5，6，7，8，9 分别填到等式的两边，使等号前面的数乘以 6 等于后面的数。

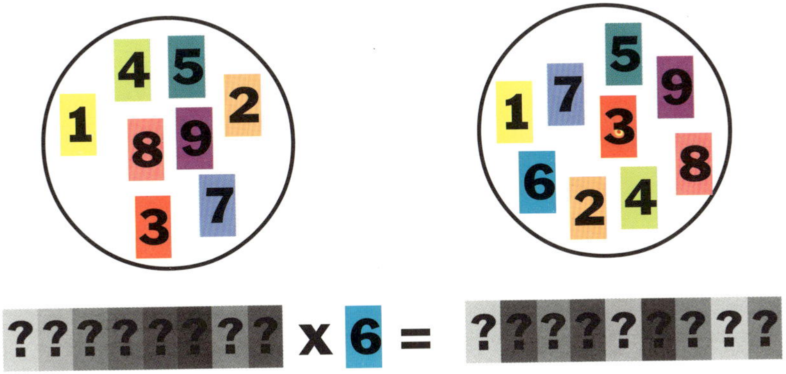

077

一起枪击事件

一天夜里，某小区发生了一起枪击事件，小区里的人都被吵醒了，只有 4 个人在醒来的第一时间看了表，他们分别是甲、乙、丙、丁。著名的查尔斯侦探正好住在这个小区的附近，他得知此案发生后，急忙赶到了现场。在侦查了现场之后，他找到了这 4 个看了表的人，并询问了他们。这 4 个人对于疑犯何时作案的时间，分别作了如下回答：

甲:“我听到枪声是12点零8分。”

乙:“不会吧，应该是11点40分。”

丙:“我记得是12点15分。”

丁:“我的表是11点53分。”

作案的时间如此不一吗？其实，这是因为他们的手表都不准。一个人的手表慢25分钟，另一个人的手表快10分钟，还有一个快3分钟，最后一个慢12分钟。

请问：如何通过这4个不准确的时间来确定准确的作案时间？

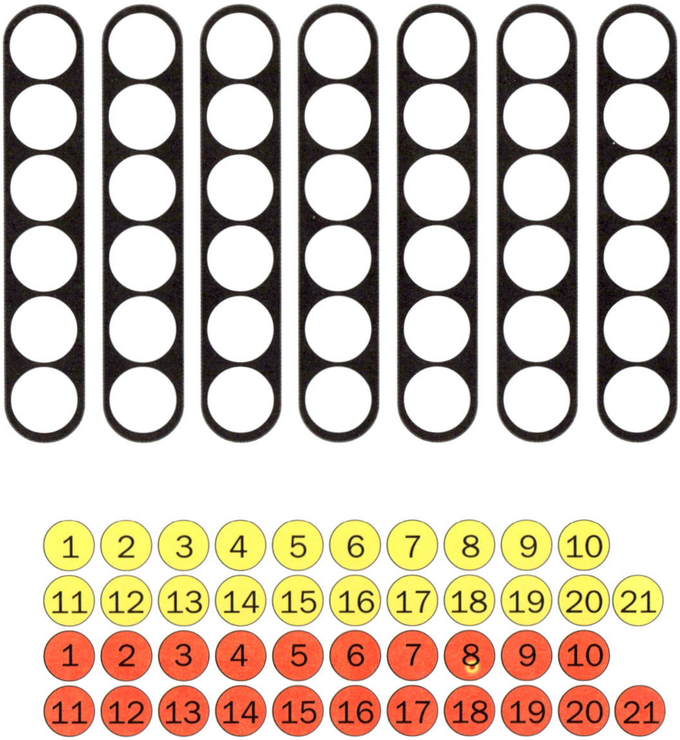

078

数字卡片

这里有黄、红两组数字卡片。请你把它们粘到上面的数字板上，使得横向相邻的两种不同颜色的卡片数字相同。

079

数字迷宫

数字迷宫是在一个每一边包含 n 个格子的正方形里面填上从 1 到 n^2 的自然数。填的时候按照横向或纵向移动，在相邻的格子里填上连续的数，每一个格子里只能填入一个数。这次要求填上的数字是 1 到 100。

有几个数字已经填入方格了，你能够将它补充完整吗？

	100							69	
	87				77				
13		29							60
							23		
								38	
	46								
							1		

080

重物平衡

最上面的 2 个天平都处于平衡状态。

在第 3 个天平的右边需要放多少个蓝色重物才能使天平平衡?

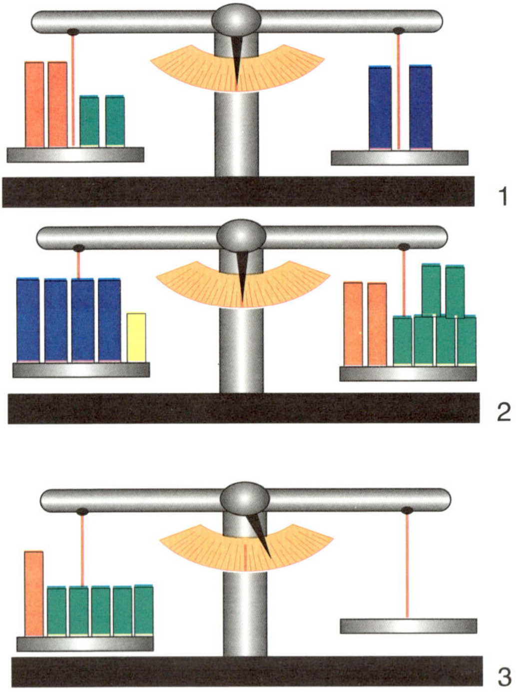

081

打开保险柜

一个小偷想到某亿万富翁的家中去偷些钱，于是向师傅请教了打开保险柜的方法。师傅告诉他说："在开保险柜之前，首先要转动密码锁里圈的数字盘，只有当里圈的数字与外圈的数字相加，每组数字之和都相同的时候，保险柜的门才会打开。"

在一个漆黑的夜晚，小偷溜进了富翁的家，很快就在地下室找到了保险柜。但是，小偷不擅长心算，在转动保险柜密码锁里圈的数字盘时，越算越糊涂，算了半天也没打开保险柜。

保险柜密码锁里圈数字盘上的数字依次是3，7，12，8，10，9，6，5，外圈数字盘上的数字依次是5，3，4，7，8，10，6，1。

现在，请你观察一下这些数字，当外圈的5和内圈的几对在一起时，里外的每组数之和才能都相同呢？

082

帕瑞嘉的正方形

把这个被截去一角的三角形复制并分割成8块，然后把它们重新拼成一个完整的正方形。

083

十二边形锯齿

将此图复制并剪下来，分成 15 个部分，把它们重新排列拼成一个十二边形，使十二边形表面上形成一条闭合的、曲折的线。

084

迷路的企鹅

不横过这些道路，你能让企鹅都回到它们自己的家吗？

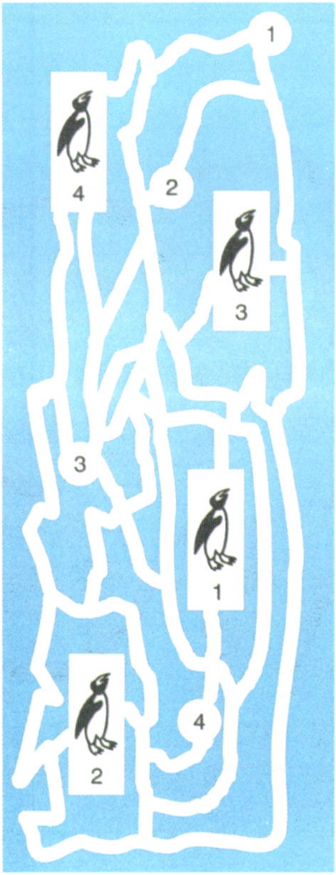

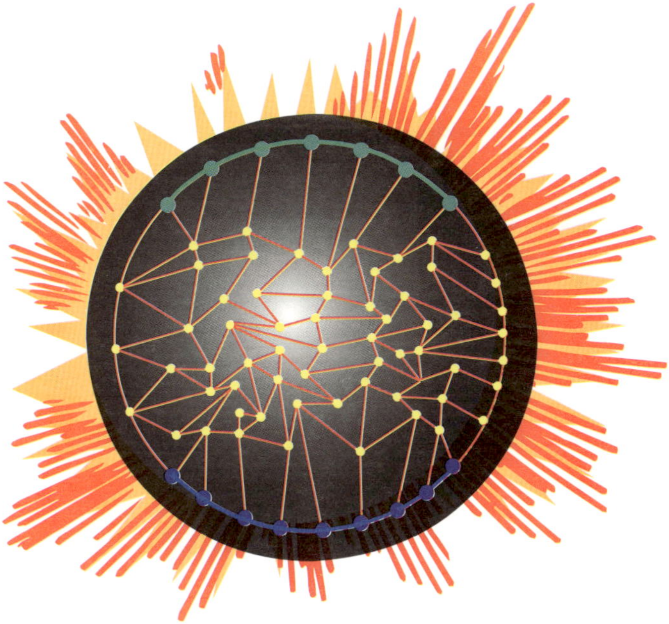

085

炸弹拆除专家

时钟在滴答作响，你必须在它爆炸之前拆除炸弹的引信，可以把它的线剪成两部分，即从底部的蓝线到顶部的绿线，穿过中间错综复杂的红色线网，剪尽可能少的次数。你可以剪断这些线，但是不要剪到中间的连接结点（黄色的圆点）。快点，在炸弹爆炸之前！

086

渔网

你能将外面的 18 条“鱼”全部放进中间的“渔网”中吗？

087

盗窃犯

夏日的早晨，一家大型超市的出纳上班时发现保险箱被撬了，共失窃了价值25万元的财物。警方在箱体上发现了罪犯留下的指纹，并确定作案时间是凌晨2至4点。经过调查，给超市送货的食品公司货车司机的指纹与现场作案的指纹相符。

警方传讯了司机，可司机却说这段时间他正在家中拍摄牵牛花开花的过程，并拿出了拍摄照片。审讯陷入僵局。

迷惘的刑警来到植物研究所，请教了专家，证实牵牛花确实是在夏日早晨开放。而且经对比，确认拍摄的照片就是司机家中的盆花。这就怪了，指纹是不可能相同的。

那么司机究竟是不是盗窃犯呢？如果是，那他又是采取什么办法分身的呢？

088

动物散步

图中的问号处应该分别填上什么动物？

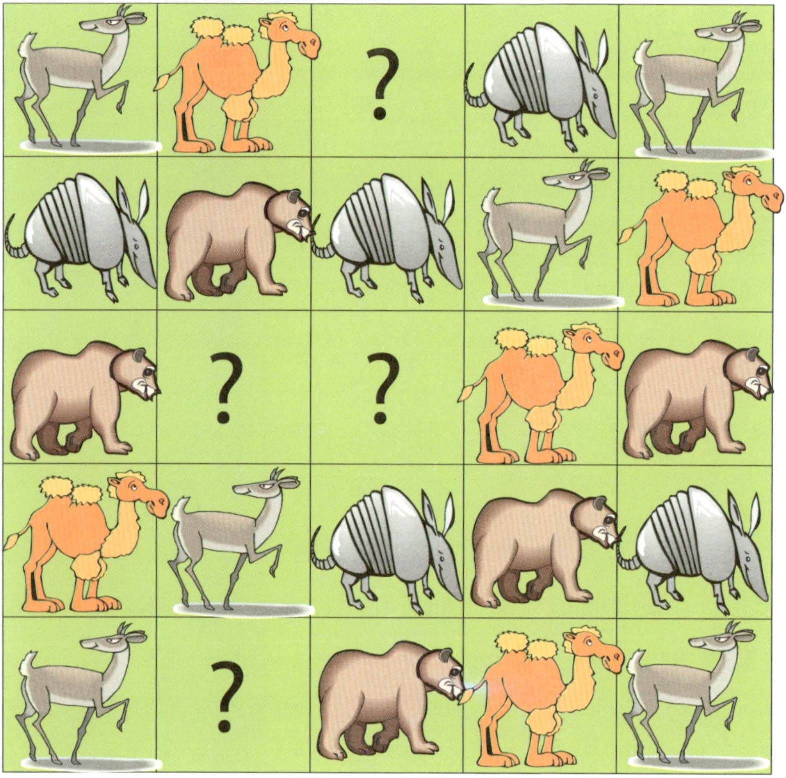

089

蛇鲨

请你给下面这4幅图里的曲线上色，使每两条在图中灰色的节点相接的曲线颜色都不同。请问最少需要用多少种颜色来上色？

1

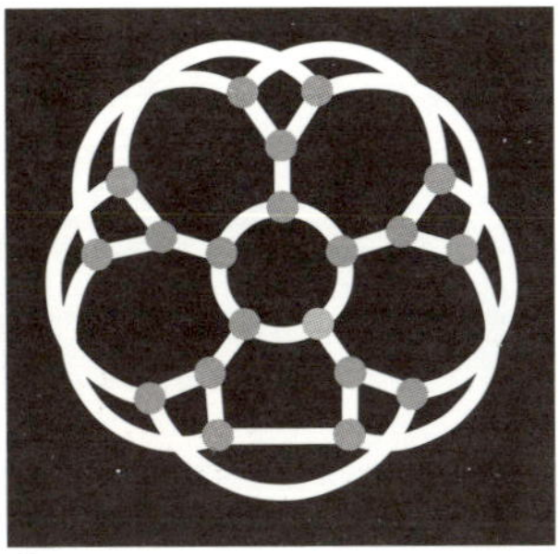

2

3

4

090

七阶拉丁方

用 7 种不同的颜色将这个 7×7 的魔方填满，使得每一行、每一列包含各种颜色且每种颜色只能出现一次。（可以有多种解法。）

颜色已经被标号，你可以用数字填入魔方中。

091

五阶对角线拉丁方

如上图所示，你能填满这 2 个魔方网格，使得每种颜色在每一行、每一列以及两条对角线上都只出现 1 次吗？

092

保密的措施不保密

无赖雪特打听到海滨别墅有一幢房子的主人去瑞士度假，要到月底才能回来，便起了邪念。他找到懒鬼华莱，两人决定去碰碰运气。

两天后的一个夜晚，气温降到了零下 5 摄氏度，雪特和华莱潜入了别墅，撬开前门，走进屋里。他们发现冰箱里摆满了食物，当即拿出两只肥鸭放在桌子上让冰溶化。几个小时过去了，平安无事。雪特点燃了壁炉里的干柴，屋子里更暖和了。他们一边坐在桌边，转动着烤得焦黄、散发着诱人香味的肥鸭，一边把电视打开，将音量调得很低，看电视里的综艺节目。突然，门铃响了，两人吓得跳起来，面面相觑，不知所措。门外进来了两个巡逻的警察，站在他们面前，嗅了嗅烤鸭的香味，晃晃两副叮当作响的手铐。

请你判断一下：他们究竟在什么地方露出了马脚？

093

八角星魔方

你能将数字 1 到 16 填入下图的八角星圆圈内，使得每条直线上数字之和为 34 吗？

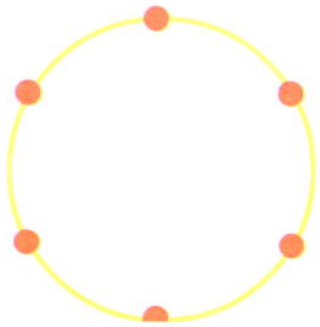

094

六边形的图案

如上图所示，在圆上取 6 个等距离的点。这 6 个点用不同的连线方式可以画出不同的图案，如下图所示。

请问：你能找出众多图案中与众不同的那一个吗？

095

动物转盘

如图，这个转盘的外环有 11 种动物。请在转盘的内环也分别填上这 11 种动物，使这个转盘能满足下列条件：无论转盘怎么转动，只可能有一条半径上出现一对相同的动物，而其他的半径上全部是不同的动物。问满足这种条件的排序一共有多少种？

096

密探是怎么找出来的

在某次战争时期，有一个侦察员奉命到某岛侦察敌情，与一个渔夫打扮、左手拿着一顶斗笠、斗笠上写有一个“王”字的人接头。

侦察员准时到达岛上，只见码头上站着一个模样与渔夫相似的人，斗笠上的“王”字笔迹也完全相同。

侦察员很是高兴，很想快步走上去接头，但他又突然止步。因为他想起临走前上级对他的嘱咐：“一个侦察员必须处处冷静、沉着、仔细，千万不能贸然行动……”

于是他又观察了一遍，终于在斗笠上发现了疑点，并断定这个人是敌人派来的密探。

请问：侦察员发现了什么疑点？

097

萨瓦达美术馆

这个形状奇怪的美术馆里一共有24堵墙，在美术馆里的任何一个角落都可以安放监视器。在图中，一共安放了11台监视器。

但是，监视器的安装和维护都非常昂贵，因此美术馆希望安放最少的监视器，同时它们的监视范围能够覆盖到美术馆的每一个角落。问最少需要安放几台？

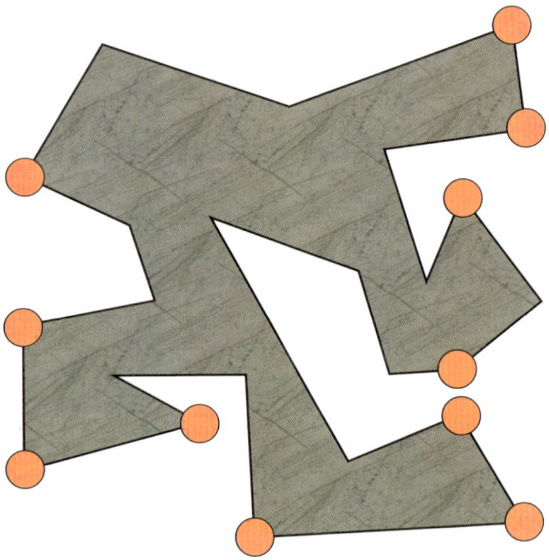

098

齿轮正方形

下图为 8 个相互契合的齿轮，转动其中的一个小齿轮多少圈，可以使这 8 个齿轮形成如图中间所示的样子，即齿轮中间形成一个黑色的正方形？

图中的小齿轮都是 20 个齿，大齿轮都是 30 个齿。

099

卢卡数列

找一个朋友在右图 2 个红色方框内分别写上 2 个数字（例如 3 和 2），并且不能让你看到。然后从第 3 个方框开始，每个方框里面的数等于前 2 个方框里的数之和，依此类推，一直写到第 10 个方框。

他们只给你看绿色方框里的数，其他方框里的数你都不知道。

要求你写出这 10 个数的和。在他们还没有写完这 10 个数时，你就可以将它们的和（图中为 341）写出来了。

怎样可以提前知道答案呢？

1
2
3
4
5
6
7
8
9
31
总数：

1
2
3
4
5
6
7
8
9
3
2
5
7
12
19
31
50
81
131
总数：
341

100

扑克牌

如图所示，15 张扑克牌摆成一个圆形，其中两张已经被翻过来了。

这 15 张牌中每相邻 3 张牌的数字总和都是 21。

你能否由此推出每张牌上的数字？

第三章

发散思维游戏

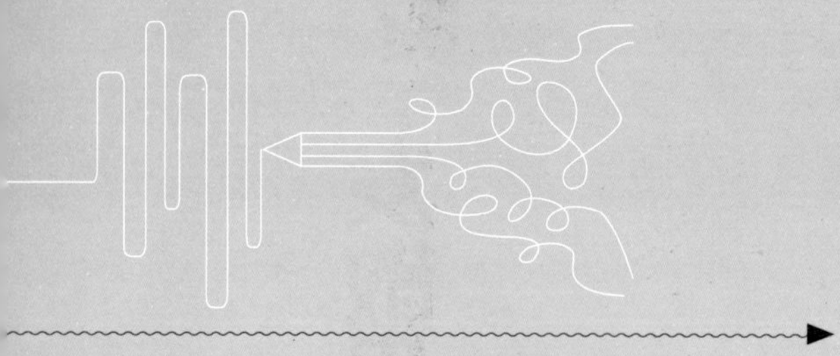

101

缺失的数

下面的数是按照一定的顺序排列的，你能否在画有问号的方框内填上一个恰当的数？

如果你做到了，图中缺少的那块蛋糕就是你的了！

102

正确的图形

哪一个图形可以放入问号处？

A

B

C

D

E

F

103

柯南的暗示

从前，有个十分聪明的孩子叫柯南。一次，他和父亲出门去外地，住在一家旅店里。到了半夜的时候，有一个强盗手持钢刀闯进了他们的房间，并用刀逼迫柯南和他的父亲交出财物，否则就要对他们行凶。

这时，打更的梆子声由远而近地传来，心虚的强盗就催促假装在找东西的柯南赶快交出财物。可柯南却告诉强盗，如果着急的话就必须允许自己点亮灯盏来找。于是，就在打更的梆子声在房间的门外响起的时候，柯南点亮了灯盏，并把父亲藏在枕头下面的钱交给了强盗。可就在这个时候，门外的更夫却突然大声地发出了“抓强盗”的喊叫声，很快，人们就冲进了房间，抓住了还来不及跑掉的强盗。

你能想到柯南是怎样为走在门外的更夫做出屋里有强盗的暗示的吗？

104

真假难辨

这些人分别来自于托特和弗尔斯家。托特家的人总是讲真话，而弗尔斯家的人总是讲假话。

这些人分别是谁家的，请在他们脚下的方框里填上恰当的字母。

1

T	托特家
F	弗尔斯家
?	不能判断

2

3

105

8 个金币

一共有 8 个金币，其中 1 个是假币，其余的 7 个重量都相等，只有假币比其他的都要轻。

请问用天平最少几步能够把假币找出来？称重量的时候只能使用这 8 个金币，不能使用其他砝码。

106

缺失的正方形

你能否找出规律，将图中每一横行缺失的正方形补充完整？

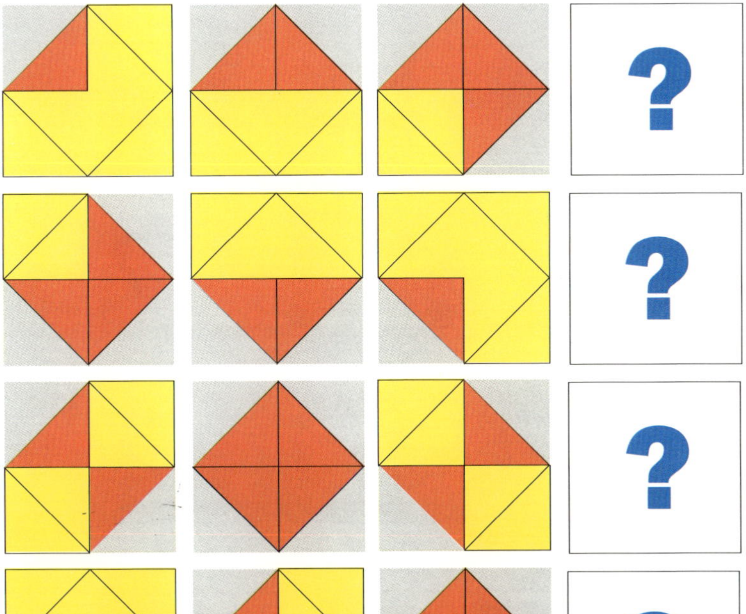

107

图形接力

问号处应该填入哪一个图形？

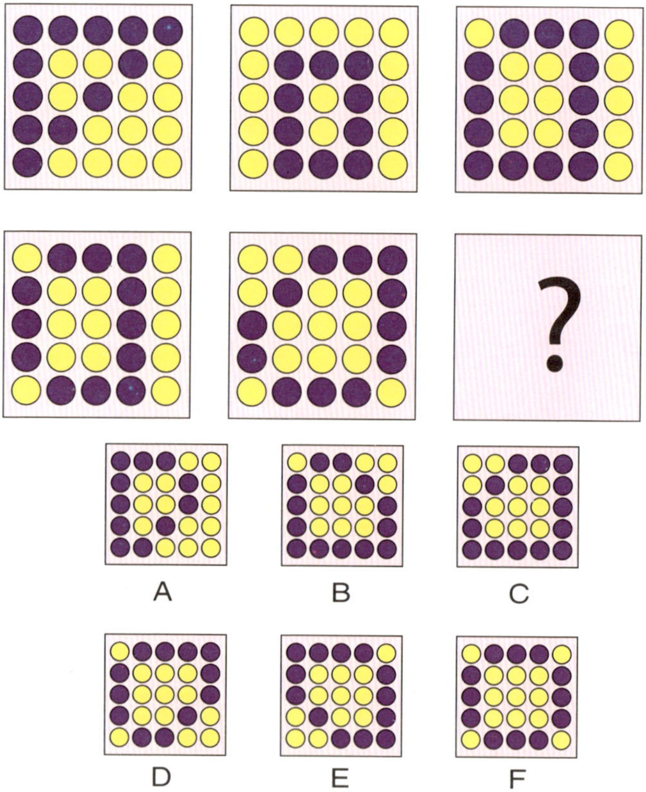

108

燃烧的蜡烛

如图所示，把一根点燃的蜡烛放在一个装有水的容器里，再在蜡烛上面罩上一个玻璃瓶。

你能预测一下，这个实验最终会出现什么结果吗？

109

哪一间房

一日，警探史蒂夫来到某饭店，准备参加朋友的婚礼，就在抵达该饭店的大厅时，他临时获得一个线报：有一对警方已经通缉多时的夫妻，正投宿在该饭店的三楼。为了避免惊动这对鸳鸯大盗，史蒂夫决定自己捉拿他们。他向饭店的前台工作人员出示了证件，查看了饭店的住宿记录，发现三楼有三间房间有人住。这三间房分别有两男、两女以及一男一女住宿，计算机上显示出的记录是：“301——男、男”；“303——女、女”；“305——男、女”。

史蒂夫心想：“看来，这对鸳鸯大盗一定是在305房间。”于是，他火速冲到三楼，准备一举捉拿他们。

然而，就在史蒂夫要撞破 305 号房门时，饭店经理突然出现了。经理把他拉到一旁，悄声对他说："其实，住宿记录已经被人窜改过了！计算机上的显示和房间里住客的身份是完全不符的。"

史蒂夫想了一会儿，只敲了其中的一个房门，听到里面的一声回答，就完全搞清楚三个房间里的人员情况了。

请问：史蒂夫到底敲了哪一间房门呢？

110

图形填空

问号所在的位置应该是选项中的哪个图形？

A

B

C

D

E

F

G

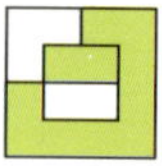

111

重叠镶嵌

下面的彩色镶嵌图形里面包含了很多非正的三角形、五边形、六边形、七边形和八边形。但实际上，这个镶嵌图案只是由一个基本图形构成的。

你知道是什么基本图形吗？

112

拼半圆

把 6 个半圆拼进正方形边框中。这 6 个半圆必须在白色区域内。

113

斗米斤鸡

于成龙是清代康熙时的著名廉吏，一向以“勤于政务，爱民如子”著称。有一天，于成龙刚刚吃罢早饭，一米店老板拉着一位种田人前来打官司。事件起因是：种田人上街卖柴时，不小心踩死了米店老板的一只小鸡，米店老板硬要他赔九百钱。种田人不服，米店老板便把种田人拉到了于成龙的府衙。

于成龙升堂，众衙役站在公堂两旁。于成龙问：“是谁击鼓鸣冤要告状啊？”那种田人何曾见过这种场面，吓得一句话也不敢说。那米店老板是城里人，见过世面，他说：“这个乡下人进城卖柴。路过我家门口，踩死我家的一只鸡。我的鸡是良种鸡，只要喂几个月就能长到九斤重，按现在的鸡价，一斤是一百钱，九斤刚好九百钱，请大人判他赔我九百钱。”

于成龙一听，笑了笑说：“好，我就判农夫赔你九百钱。”

农夫听了，大声喊冤说：“我卖十担柴还没有九百钱呢！”米店老板连称青天，可于成龙又说了一句话，农夫不再喊冤，米店老板却连喊倒霉。

你知道于成龙说了什么吗？

114

小丑表演

右下角的小丑正在拉绳子。对于挂在绳子上的7个杂技演员来说，会发生什么事？他们当中哪些会上升，哪些会下降？

115

想象图形

图中缺少的那块地板应该是哪种样子？

A　　B　　C　　D　　E

116

五格拼板游戏

你能否将12个五格拼板放进下页的6个表格中，只留下黑色格子的部分？允许旋转拼板。

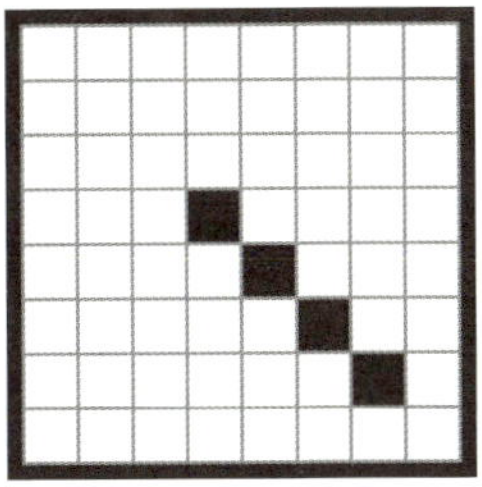

1

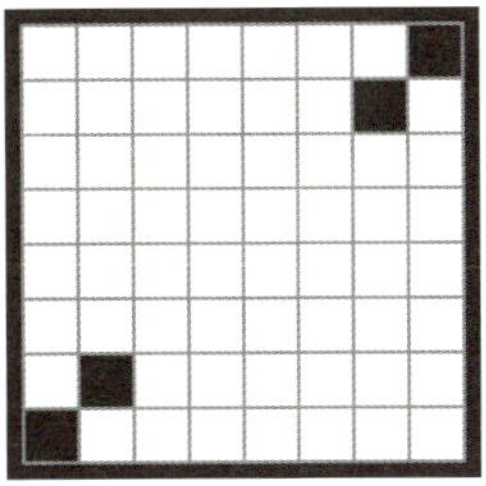

2

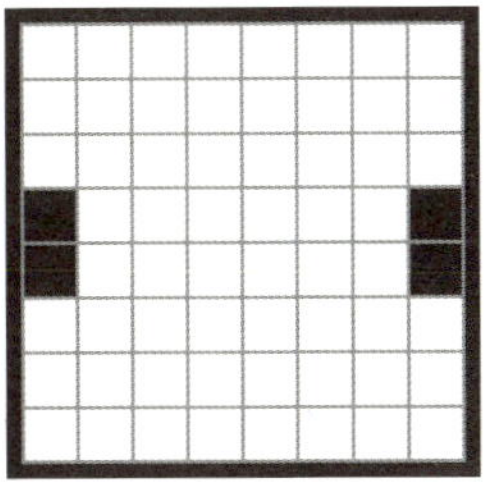

3

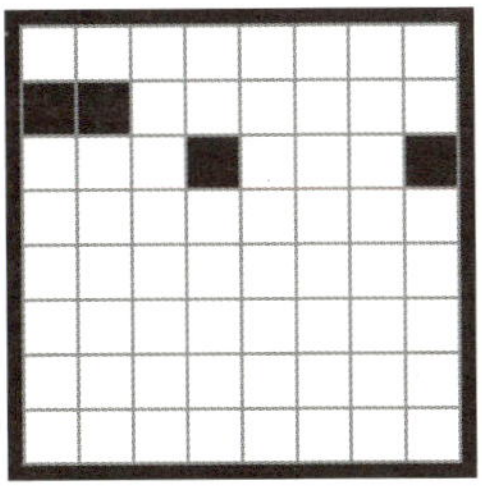

4

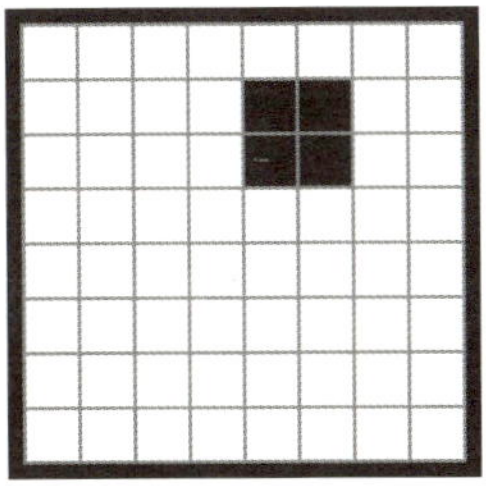

5

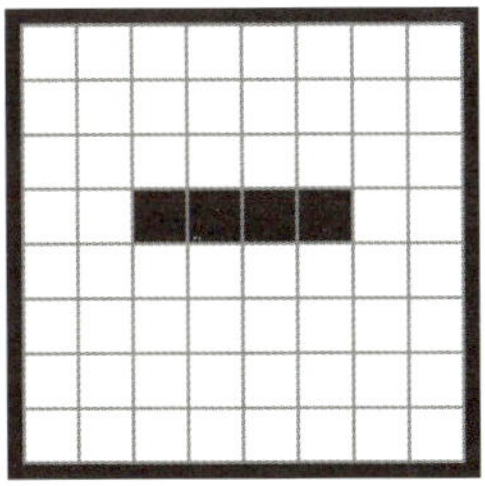

6

117

神秘的电文

一天早晨，正在值班的缉私警察小王截获了一份神秘的电报。上面的内容为：“朝，货已办妥，火车站交接。”

小王马上就将电报交给了处长。处长接过电报看了一遍，认定是上次交易未成功的毒品走私残余人员再次进行秘密交易的电文。处长立刻进行了部署，决心要把这伙毒贩子一网打尽。

这时，小王拿着电文，一边看，一边有些犯难地说道：“处长，我看我们还是不容易抓到这伙毒贩子，你看，这份电文只有接货地址，没有接货的具体时间，我们的破案无从下手呀！”

听到小王的话，另一位警察也接过话头说道：“小王说的对，我们的确无从下手，可我们又得破这个案，我看我们只有把全市可能进行毒品交易的地方全都进行秘密监视，哪里有动静就在哪里行动！”

“你说的话更是不可能，我们有多少警员，再说，这不是大海捞针吗？”一位民警说道。

“你们就不要争了！”一直沉默不语的处长开口说话了，“其实这份电文，已经明明白白地告诉了我们交易的时间。”

很快，根据处长的安排，这伙毒贩子全都成了警察们的阶下囚。

你知道处长是如何破译这份电文的吗？

118

移走木框

下页的那些木框可以一个一个地移走，并且它们之间互不干扰。

请问应该按照什么顺序移走那些木框？

如果你答对了这道题，那么那些木框上的字母将会组成一个英文单词（按照你移走木框的顺序）。

Y
T
C
A
I
V
T
E
R
I

119

结的上色

图 1 所示的结已经被上色了，现在要求你根据下面的条件，将剩下的 5 个结也分别上色。

如图所示，每个节中每一个线与线的交叉点处都有 3 个部分需要上色：

1. 穿过这个交叉点的上面的线；

2. 穿过这个交叉点的下面的线的一边；

3. 穿过这个交叉点的下面的线的另一边。

每个交叉点处的线需要分别涂上 3 种不同的颜色，也就是说，给一个结上色至少需要 3 种不同的颜色。

图 1 用了 4 种颜色上色，问给其余的 5 个结上色分别最少需要多少种颜色？

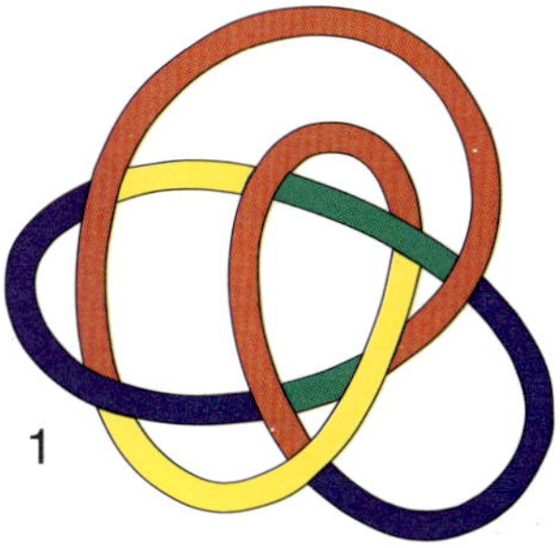

1

2

3

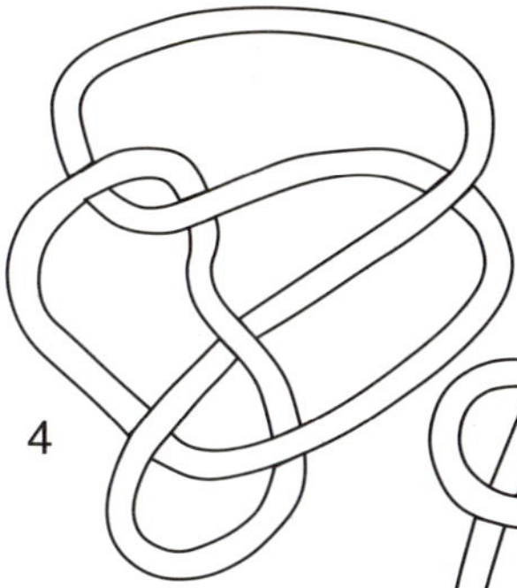

4

5

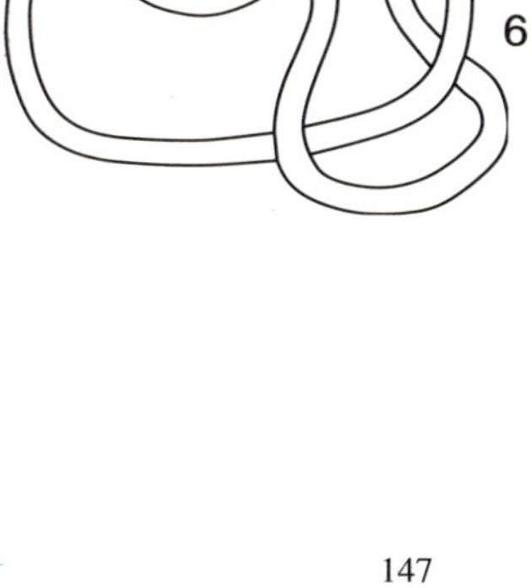

6

120

旋转方框

仅凭直觉回答：通过旋转这 5 个方框，能否使每条射线上仅有一种颜色？

121

圆桌骑士

让 8 位骑士围坐在圆桌边，每个人每次都要与不同的人相邻，满足这一条件的座位顺序一共有 21 种。上面已经给出了一种。可以用 1 ~ 8 这 8 个数字分别代表 8 位骑士，请你写出其他的 20 种座位顺序。

122

判断页码数

警方查获了一家非法地下印刷厂，但非法印刷的一种书已经被罪犯抢先运走了。现场只留下了罪犯匆忙间没有带走的排印书上页码用的全部铅字，共计 2775 个。

警长根据这些铅字数码，马上算出了这本非法印制书的总页码。

你知道他是怎样算的吗？

123

连续正方形拼在一个平面上

你可以把 24 个正方形拼进一个框架是 67×98 的长方形中，并且保证图形内部没有空隙吗？

124

七巧板数字

用七巧板拼出所示的数字，速度越快越好。

125

奎茨奈颜色棒游戏

只用一套奎茨奈颜色棒，你能否将下面的空白图形填满？

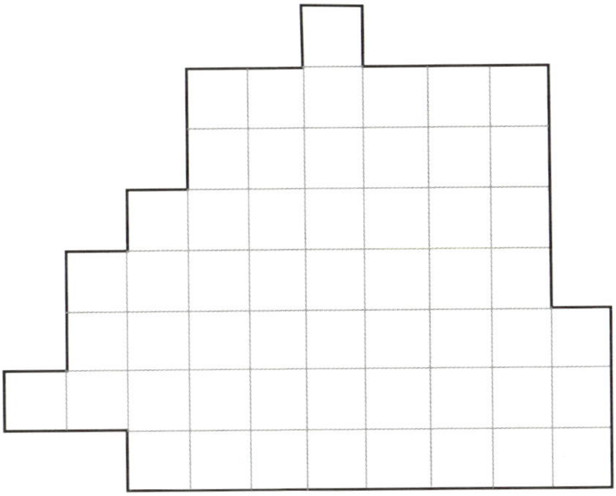

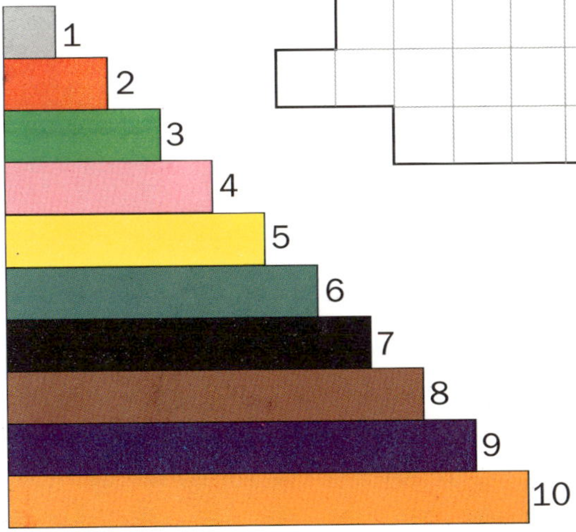

奎茨奈颜色棒是长度分别为从 1 ～ 10 的 10 个连续的颜色棒。

126

被偷得彻底的别墅

小北的家在城市近郊，那是一幢别墅式的住宅，房子外面有一个大花园，附近没有邻居。秋天的时候，小北的夫人带孩子去外婆家，只有小北一人在家，他每天都在公司吃过晚饭才回家。

一天晚上，当小北回到家时不禁大吃一惊：只见大门敞开，家里的一切都没有了。包括钢琴、电视机、录像机，就连桌子和椅子这些家具也全不见了，整个屋子空空如也。

这显然是被盗了，但是令人不可思议的是窃贼怎么会这么大胆，大白天居然把小北家偷得这么彻底呢？并且，据说在窃贼偷盗的时候，有两个巡逻的警察还站在旁边看了一会儿热闹。这到底是怎么回事？

127

排列组合

假设所有碟子颜色都一样——没有标记，也没有办法区分这些碟子。

你能用几种方法将3个不同颜色的物体分配到3个没有标记的碟子上？

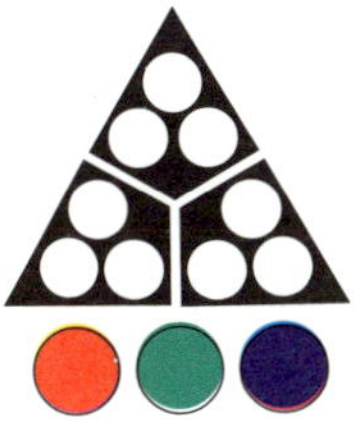

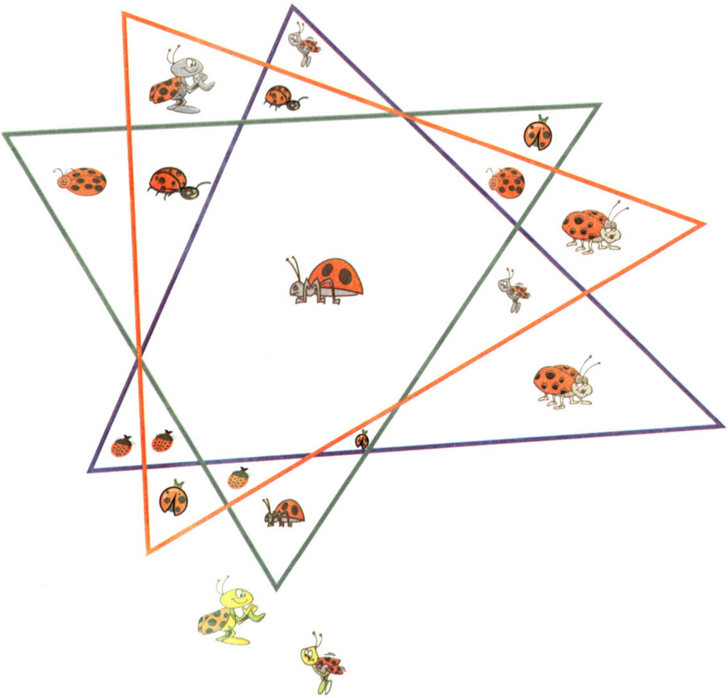

128

瓢虫的位置

一共有 19 个不同大小的瓢虫，其中 17 个已经被分别放入了上面的图形中，每个瓢虫均在不同的空间里。

现在要求你改变一下上面图形的摆放方式，使整个图中多出两个空间，从而能够把 19 个瓢虫全部都放进去，并且每个瓢虫都在不同的空间里。

129

工人偷运橡胶事件

在一家提炼橡胶的工厂，经常发生工人偷运橡胶倒卖的事件。工厂的负责人为了防止橡胶被偷运，特意雇用了保安人员，对下班出厂的车辆、工人进行严格检查。

这一天，保安部接到举报，说今天有人要偷运橡胶出厂。保安人员立即行动起来，对来往行人、车辆都十分认真地进行排查。这时，一辆满载胶桶的货车准备驶出工厂大门，保安人员检查时，发现车上装的只是一些空胶桶，里面并没有装橡胶，就准予货车驶出工厂。过了一会儿，举报人又打来电话，说："刚才出去的那辆车已把橡胶偷运出厂了。"说完就挂掉了电话。保安人员十分不解，他们对货车进行了全面检查，橡胶被藏在了什么地方呢？你能想得到吗？

130

分割五角星

把这个大五角星复制下来，并把它分割成如图所示的 12 部分。

你可以把这 12 部分重新拼成 4 个小五角星吗？

131

六边形变成三角形

把这些被分割的六边形的图形碎片复制并剪下来。

你可以把这6片被分割的六边形碎片拼成一个等边三角形吗？

132

圆形七巧板

用 10 片圆形七巧板图片拼出如图所示的两个剪影。每个图片都可以翻转使用。

你还可以拼出哪些图形？

133

滑动链接

在滑动链接谜题中，你需要从纵向或者横向连接相邻的圆点，形成一个独立的没有交叉或分支的环。每个数字代表围绕它的线段的数量，没有标数字的点可以被任意几条线段围绕。

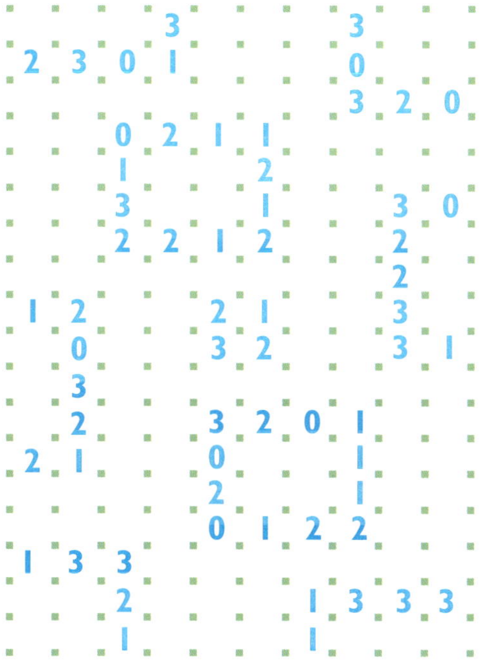

134

建造桥梁

在这个游戏中，每个含有数字的圆圈代表一个小岛。你需要用纵向或横向的桥梁连接每个小岛，形成一条连接所有小岛的通道。桥的数量必须和岛内的数字相等。在两座小岛之间，可能会有两座桥梁连接，但这些桥梁不能横穿小岛或者与其他的桥相交。

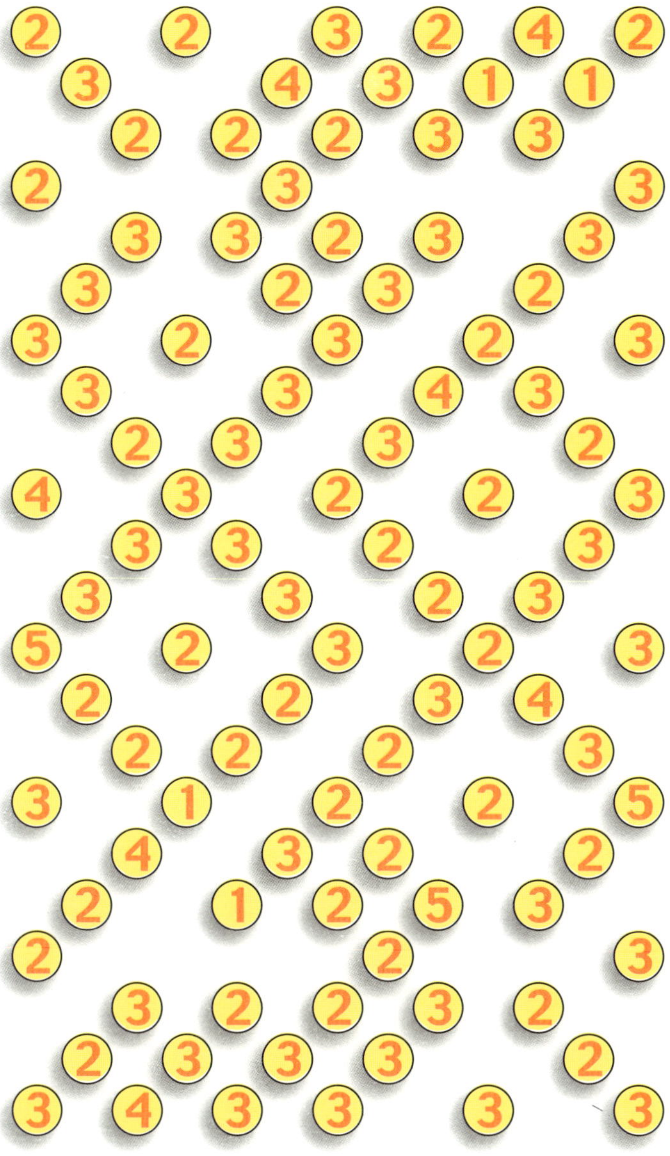
2 2 3 2 4 2
3 4 3 1 1
2 2 2 3 3
2 3 3
3 3 2 3 3
3 2 3 2
3 2 3 2 3
3 3 4 3
2 3 3 2
4 3 2 2 3
3 3 2 3
3 3 2 3
5 2 3 2 3
2 2 3 4
2 2 2 3
3 1 2 2 5
4 3 2 2
2 1 2 5 3
2 2 3
3 2 2 3 2
2 3 3 3 2
3 4 3 3 3 3

135

怪盗传递信件

一天夜里，有个名叫西夫的怪盗，潜入一个外交官的住宅，在三楼卧室里，偷到一份重要的外交信件。他正要离开房间，突然听到门外有脚步声——外交官回来了。西夫从门逃走已经不可能了，看来只能跳窗户。

窗下有一条运河，跳下运河就可以脱身。但西夫担心外交信件被弄湿而前功尽弃。踌躇中，他看到自己的同伙在对面大楼窗口等待接应，于是灵机一动，决定先把信件递给同伙，再只身逃走。

西夫钻到窗外，站在窗台上，探身、伸手，可是很遗憾，还差一点儿，够不着对面大楼上的同伙。手边又没有杆子或棍子之类的工具；对面大楼的窗台很窄，跳过去也没有落脚之处；把信件扔过去，又担心被风刮跑。一时，足智多谋的怪盗西夫竟束手无策。

可是仅仅几分钟之后，西夫就有了办法，什么工具也没有用，就把信件递给了同伙，然后只身跳入运河之中，匆匆离去。

你知道西夫是用什么方法把信件递给同伙的吗？

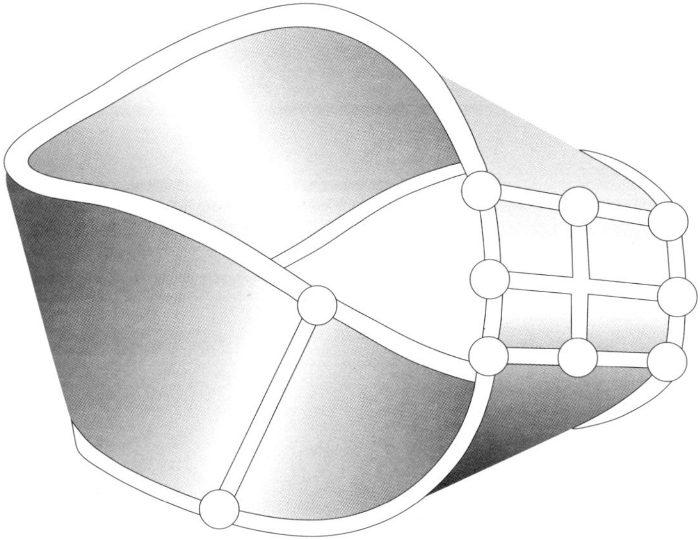

136

麦比乌斯圈上色问题

如图所示，在一个麦比乌斯圈上有一个包含 10 个交点的图形。

现在要求给交于这些点的所有边都上色，条件是交于一点的各边颜色都不能相同。问至少需要几种颜色？（图中有一个交点处没有用圆圈标出来，经过它的两条边的颜色可以相同也可以不同。）

137

多格六边形

将几个正六边形组合起来有很多种方法。图中画出了从单格到四格的正六边形组合。

将 2 个正六边形组合起来只有 1 种方法（二格六边形）。

将 3 个正六边形组合起来有 3 种方法（三格六边形）。

将 4 个正六边形组合起来有 7 种方法（四格六边形）。

请你将这些多格六边形放进图 1 的游戏板中，每次只允许剩下 3 个没有用到。

图 1

138

神秘的洞

谜题大师约翰·P. 库比克为了对自己的能力加以证明，他向人们展示了一张正方形的纸板，在纸板上偏离中心的位置上有一个洞。“通过将这张纸板剪成两部分，并且将这两部分重新排列，我就能把这个洞移到正方形中心的位置上。”你能想出他是怎么做的吗？

139

中毒

一天，亨利探长应友人之邀去一家小酒店饮酒。突然，隔壁桌上的一位老板呻吟着呕吐起来，两位保镖立即拔出匕首，对准与老板同座的一位商人。

亨利探长一问，才知道双方刚谈成一笔生意，共同喝酒庆贺，谁知老板竟中毒了。那位商人举着双手，吓得不知所措。

探长走上前，摸了摸温酒的锡壶，又打开盖子，看见黄酒表面浮着一层黑膜，就说：“果然是中毒了！”

这时，中毒的老板摇晃着身子说：“探长，救救我！他身上一定带着解毒药！搜出来……”探长笑着说：“错了，他身上没带解毒药！这酒是你做东请客的，他怎么有办法投毒呢？”

大家很吃惊，到底酒里有没有毒？

140

蜂巢迷宫

你能否找到穿过这个蜂巢的最短路线？

141

狡诈的走私犯

霍普是个国际走私犯，每年从加勒比海沿岸偷运东西，从未落网。

根据海关侦查，6 个月前他曾在海关露面，开一辆新出厂的黑色高级蓝鸟敞篷车，海关人员彻底搜查了汽车，发现他的 3 只行李箱都有伪装的夹层，3 个夹层都分别藏有一个瓶子：一个装着砾岩层标本，另一个装着少量牡蛎壳，第三个装的则是玻璃屑。人们不明白他为什么挖空心思藏这些东西。更奇怪的是，他每月两次定期开着高级轿车经过海关，海关人员因抓不到证据，每次都不得不放他过去。

迷惑不解的海关总长找名探洛里帮助分析，洛里看着砾岩层、牡蛎壳、玻璃屑深思着。“这些东西有什么意义？”总长心急地问，“他到底在走私什么东西？”洛里点燃烟斗，沉思良久，恍然大悟，笑着说：“这个老滑头，你把他拘留起来好了。”

霍普到底在走私什么东西？

142

多格拼板对称

将下页的单格拼板、T 形的四格拼板和 L 形的三格拼板拼成一个对称的图形，见例子。

拼出的图形既可以是轴对称图形也可以是中心对称图形，用这 3 个拼板你能拼出多少个对称图形？ 一共可以拼出 17 个对称图形，是不是超出了你的想象？在另外的 16 个图形中，我们已经给出了单格拼板的摆放位置，你能否将这些图形补充完整？注意：拼板格的颜色不用对称。

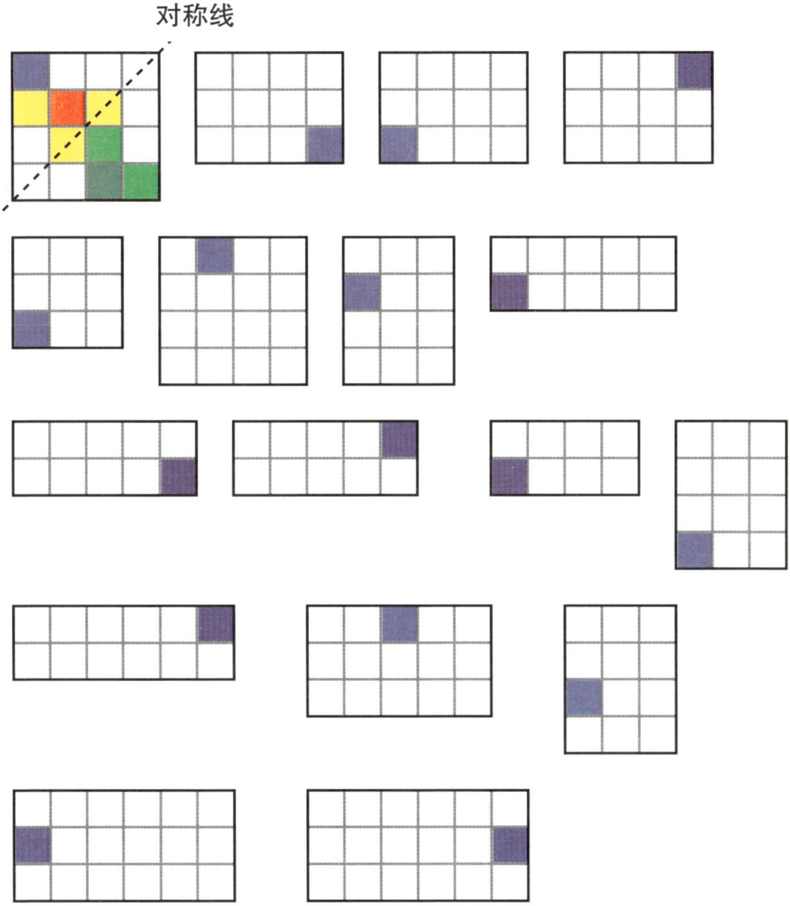
对称线

143

五格拼板的 3 倍

这是一个十分引人入胜的五格拼板游戏。

给出 1 个五格拼板，然后要求你用剩余 11 块中的 9 块拼成一个高和宽都为给定五格拼板的 3 倍的图形。

12 个五格拼板都可以用于玩这个游戏，你能画出正确答案吗？

144

数字游戏板

如图所示，把数字 1 ~ 4，1 ~ 9，1 ~ 16，1 ~ 25 分别放进 4 个游戏板中，使每个圆中的数字都大于其右侧与正下方相邻的数字，你能做到吗？

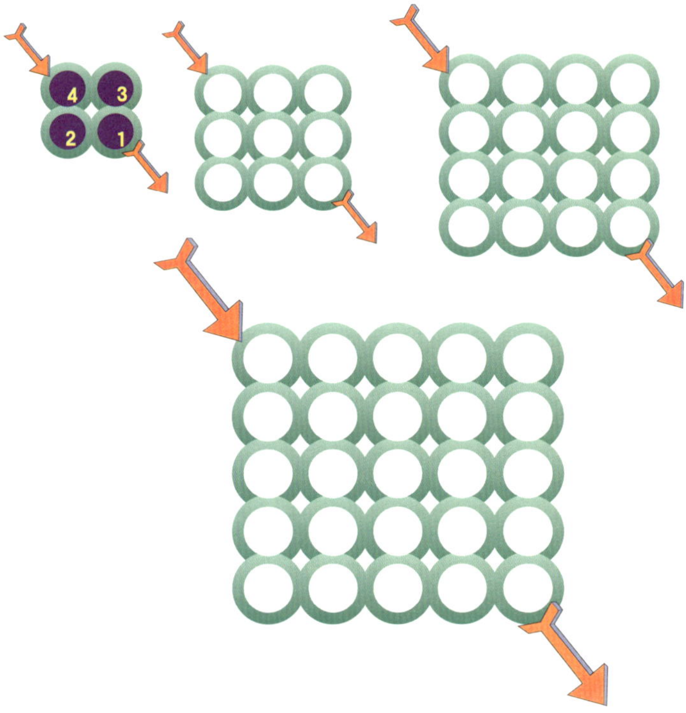

145

猫和老鼠

请你在下面的游戏界面上放 4 只猫和 4 只老鼠，每只猫都看不见老鼠，同样老鼠也都看不见猫。（猫和老鼠都只能看见横向、纵向和斜向直线上的物体。）

每个绿色的格子里只能放 1 只猫或者 1 只老鼠。

146

珠子和项链

现在你手上有 3 种颜色的珠子——红、绿、黄。将这些珠子串成一条项链，每条项链由 5 颗珠子组成，这 5 颗珠子中有 2 颗是同一种颜色，另外 2 颗是另一种颜色，剩下 1 颗是第 3 种颜色。

请问按照这一规则一共可以串出多少条符合条件的项链?

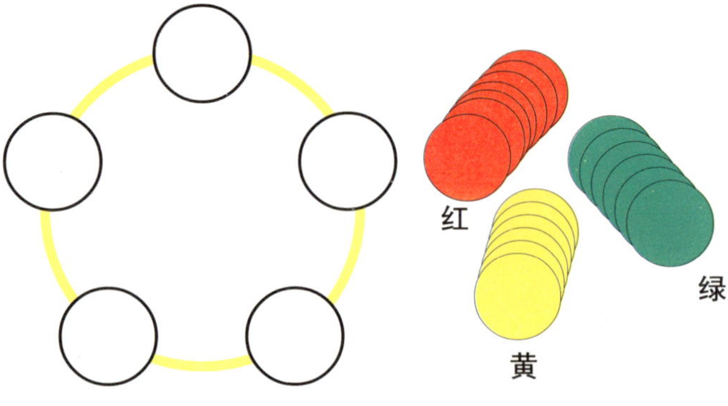

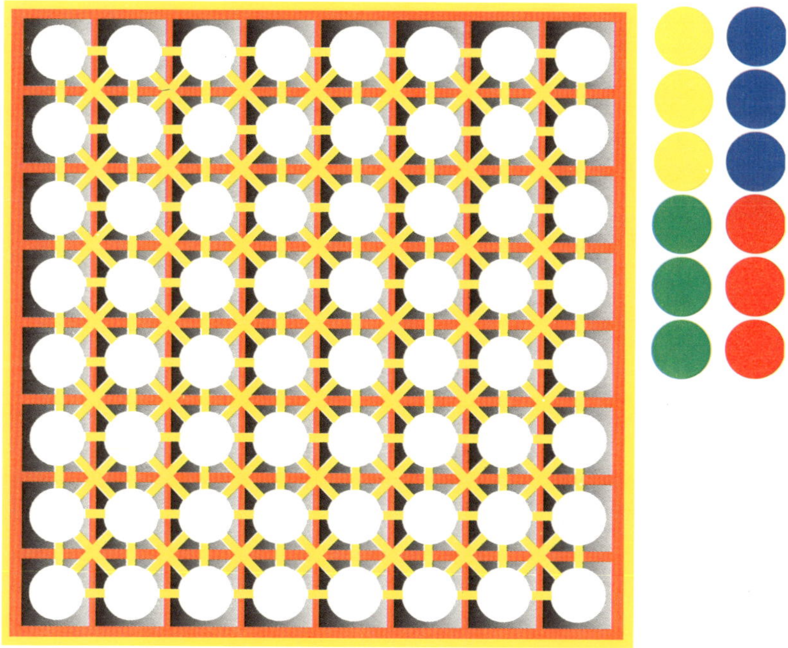

147

皇后的颜色对抗

你能否在棋盘上摆放 3 个红色的皇后、3 个蓝色的皇后、3 个黄色的皇后和 3 个绿色的皇后，使 4 种颜色的皇后之间不能互吃？

148

狙击手的绰号

刑事局干事历经千辛万苦，总算取得有关 A，B，C，D，E 五名狙击手的部分情报，再通过仔细分析，旋即理解 B 狙击手的绰号。其资料如下：

（1）大牛的体型比 E 狙击手壮硕。

（2）D 狙击手是白猴、黑狗的前辈。

（3）B 狙击手总是和白猴一起犯案。

（4）小马哥和大牛是 A 狙击手的徒弟。

（5）白猴的枪法远比 A 狙击手、E 狙击手准。

（6）虎爷和小马哥都不曾动过 E 狙击手身边的人。

请问，B 狙击手的绰号是什么？

149

六边形游戏

如图所示，请你把游戏板外面的16个六边形放入游戏板中，使游戏板内的黑色粗线连成一个封闭的图形。各个六边形都不能旋转；更具有挑战性的是，16个六边形中每两个相邻的六边形颜色都不能相同。

150

三角形与三角形

把这4个图形每种各复制3份，共可得到12个三角形。问：怎么摆放才能使这12个三角形能够正好填满空白的三角形？

第四章 急智思维游戏

151

四色问题

用所给的 4 种颜色给这幅地图上色，从而使任意两个相邻的区域颜色都不同。

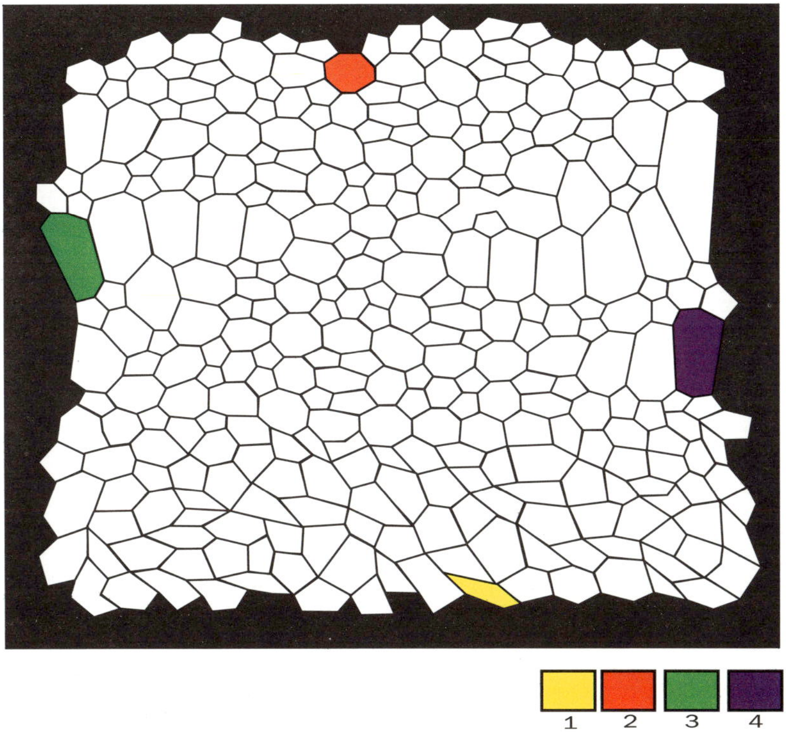

152

排列组合

有几种分配方法能将3个物体（三角形、正方形和圆形）放在3个有标记的碟子上？

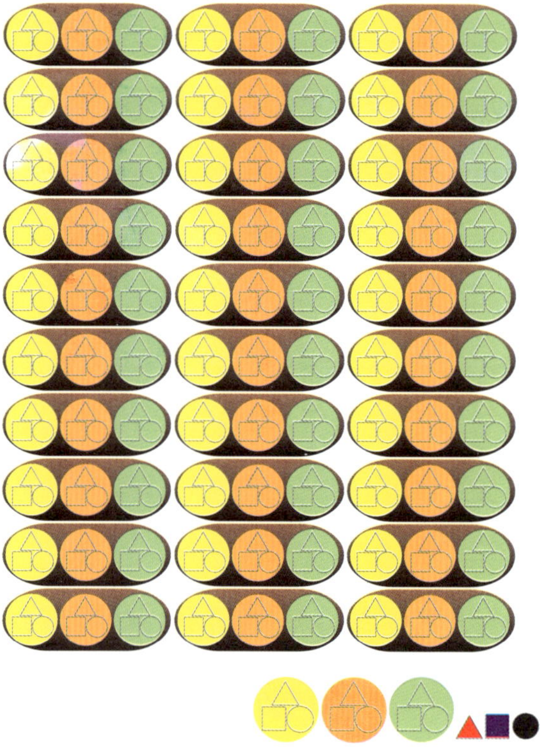

153

谁拿错了谁的伞

赵金、钱银、孙铜、李铁、周锡一起参加会议。由于下雨，他们各自带了一把伞。散会时恰好停电，结果他们都拿错了伞。

赵金拿的伞不是李铁的，也不是钱银的；钱银拿的伞不是李铁的，也不是孙铜的；孙铜拿的伞不是周锡的，也不是钱银的；李铁拿的伞不是孙铜的，也不是周锡的；周锡拿的伞不是李铁的，也不是赵金的。另外，没有两个人相互错拿了对方的伞的情况。

请问：他们五人各错拿了谁的伞？

154

六彩星星

你能用这 7 个六边形组成一个图形，使该图形包含一个具有 6 个顶点、6 种颜色的六角星吗？

155

六角魔方

你能否将数字 1 到 12 填入多边形的 12 个三角形中，使得多边形中的 6 行（由 5 个三角形组成的三角形组）中，每行（每组）的和均为魔数 33？

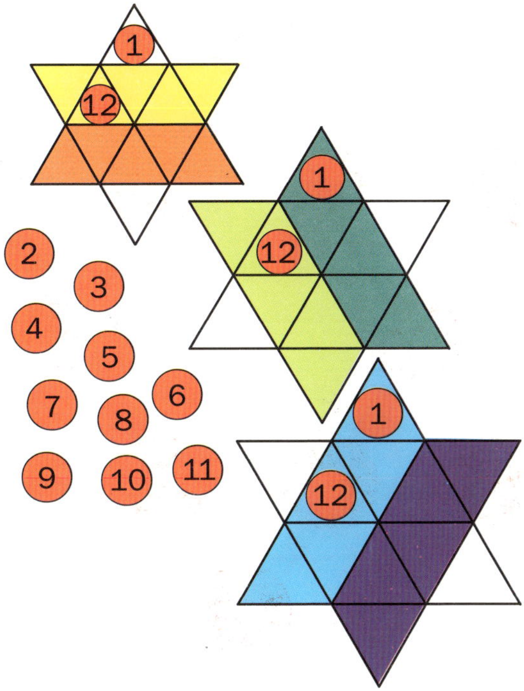

156

六角星魔方

你能将数字 1 到 12 填入六角星的圆圈中，使得任何一条直线上的数字之和为 26 吗？

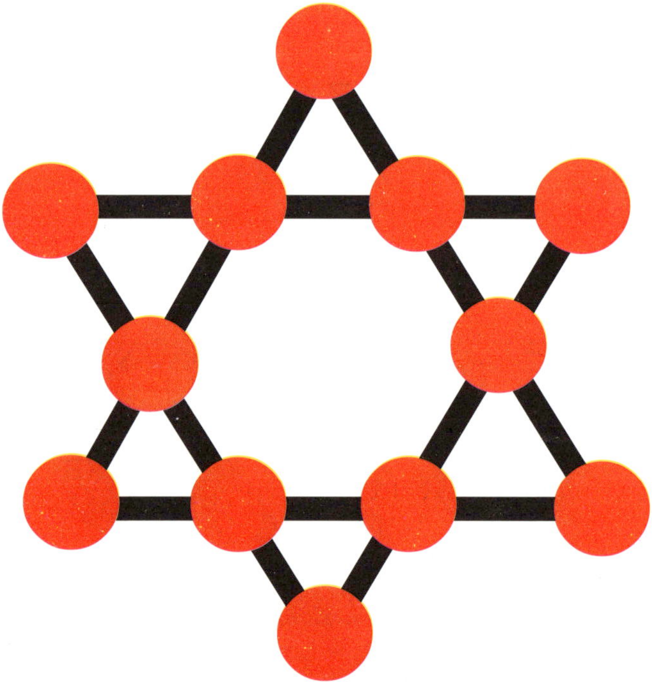

157

给正方形涂色

把 4 种不同的颜色涂在正方形的 4 条对称轴上，其中相对的 2 条线段颜色相同，如图所示，问一共有多少种涂色方法？

这里已经给出了其中的一种。

注意：同一图形的不同旋转只看作是一种方法。

158

甲的帽子是什么颜色

有 6 顶帽子，其中 3 顶是红色的，2 顶是蓝色的，还有 1 顶是黄色的。甲、乙、丙、丁 4 人闭上眼睛站成一排，甲在最前面，乙其次，丙第三，丁最后。老师给他们每人戴了一顶帽子，他们不知道自己的帽子的颜色，但后面的人可以看到前面人的帽子的颜色。老师先问丁，丁说判断不出自己所戴帽子的颜色。丙听了丁的话，也说不知道自己戴的是什么颜色的帽子。乙想了想，也摇了摇头，不知道头上是顶什么颜色的帽子。听完他们的话，甲笑着说知道自己戴了一顶什么颜色的帽子。你知道甲戴了什么颜色的帽子吗？

159

连接色块

沿着图中的白色边线把所有的色块连接起来，注意各条线不能相交。

160

连线

你能够把数字 1 ~ 18 用曲线从头到尾连接起来吗？注意曲线之间不能相交。

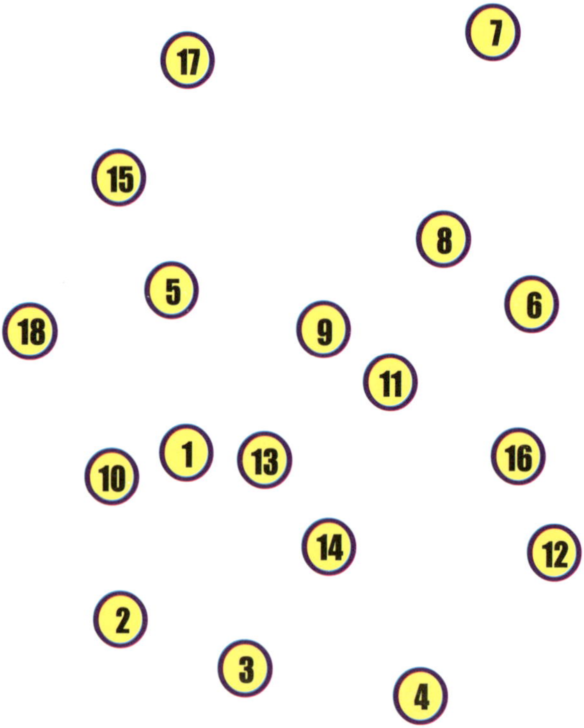

161

拼接三角形

如图所示，有 6 根长度分别为 3，4，5，6，7，8 的不同颜色的木棍，请问用这些木棍可以拼出多少个三角形？

162

水族馆

如图所示，水族馆里的 16 个鱼缸按 4×4 排列，这些鱼缸里一共有 4 种鱼，每种鱼有 4 种不同的颜色。现在水族馆的老板想把这些鱼缸摆放得更为美观，使每一横行、每一纵列分别为 4 条不同颜色且不同种类的鱼。请问应该怎样摆放？

163

谜语专家的谈话

以下是一位谜语专家最近与一位朋友的谈话。那位朋友指着他家照相簿里的一张照片说："我没有兄弟和姐妹，但是这个男人的父亲是我父亲的儿子。你知道他是谁吗？"

"那还不容易，"专家说，"这个男人就是你的儿子。这是个 19 世纪的古老谜语，人人皆知。"

"好聪明！那么这张照片上的家伙呢？他是我父亲唯一的侄女的唯一的姑母的唯一的兄弟的唯一的儿子。"

专家想了几分钟。"他一定就是你。我明白了，这是许多年前拍摄的一张照片。"

"喂，看一看这张照片上的女孩子。她挺可爱，可不是吗？她是我姑表妹的母亲的兄弟的唯一的孙子的舅舅的唯一的堂兄弟的父亲的唯一的侄女。"

这下子可把专家难住了。你能说出这个女孩子是谁吗？

164

电影胶片

假设这3幅图都是电影胶片，那么你能不能想象一下，把这3张胶片重叠起来会得到一个什么样的图案呢？

165

八色金属片

把这 8 个不同颜色的纸片复印，然后剪下来，拼接在空白处，注意不能出现重叠现象。

166

比舞大赛

在一次大赛中一对舞伴分别被拍照 8 次。

哪几张照片中显示出他们改变了跳舞姿势呢？

167

齿轮游戏

此图是 9 个相互契合的齿轮，怎样转动可以使它们之间相接的 12 个交点处的颜色都相同？

168

最诚实的人

古时候，某国的国王张榜求贤，要选一个诚实的人为他收税。应征者很多，初次见面，怎么能知道谁是最诚实的人呢？一个谋士对国王说："陛下，等那些应征者来到宫内，您只要如此这般，就能从中寻觅到最诚实的人。"国王采纳了这个意见。

应征者纷纷来到王宫，谋士要他们一一从一条走廊单独穿过去见国王。

所有应征者都来到国王面前。国王说："来吧，先生们，拉起手来跳个舞。我很想看看你们诸位中，谁的舞姿最美。"

一听到国王的这个要求，许多应征者顿时傻了眼。呆若木鸡，脸色渐渐由白变红，羞愧难堪。这时，只有一个人毫无顾忌地跳起了欢快的舞蹈，显得那么轻松自如。

谋士看了看，指着那个正在翩翩起舞的人大声说："陛下，这就是您要找的诚实的人。"

请问：谋士为什么说那个正在跳舞的人是个诚实的人呢？

169

箭轮

这 9 个箭轮中哪一个是与众不同的呢？

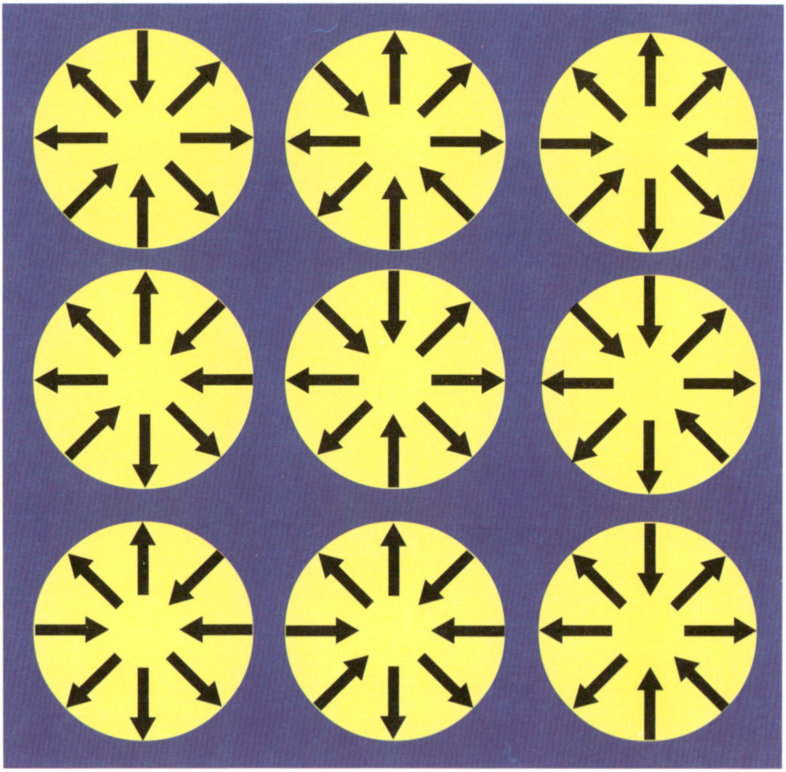

170

三角形数

你能将前 10 个自然数（包括 0）分别填入左边的三角形中，使三角形各边数字的总和都相同吗？

你能找出几种方法？

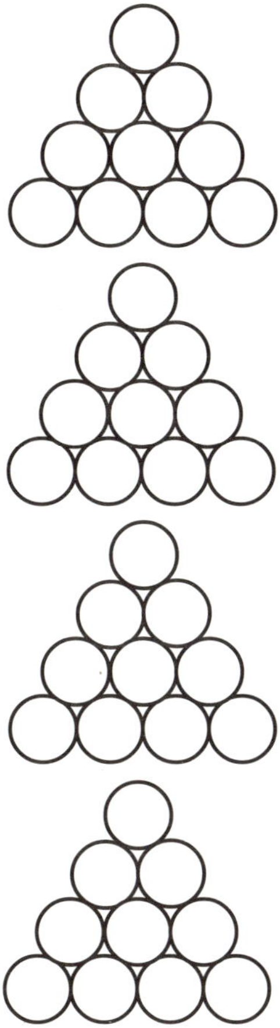

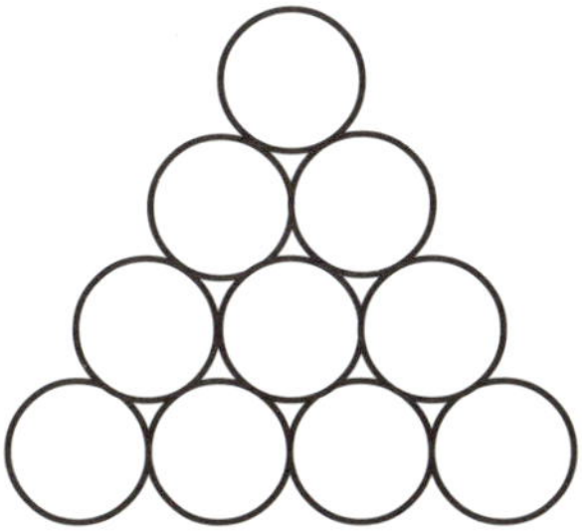

171

螺旋的连续正方形

前 13 个连续的正方形如下页图所示。

在图示中，前 7 个连续的正方形呈螺旋状排列在中心的 1 × 1 正方形周围，并且没有空隙。

还有多少个正方形可以以这种螺旋的方式围绕着中心排列进去，把这个平面覆盖住并且不留空隙？

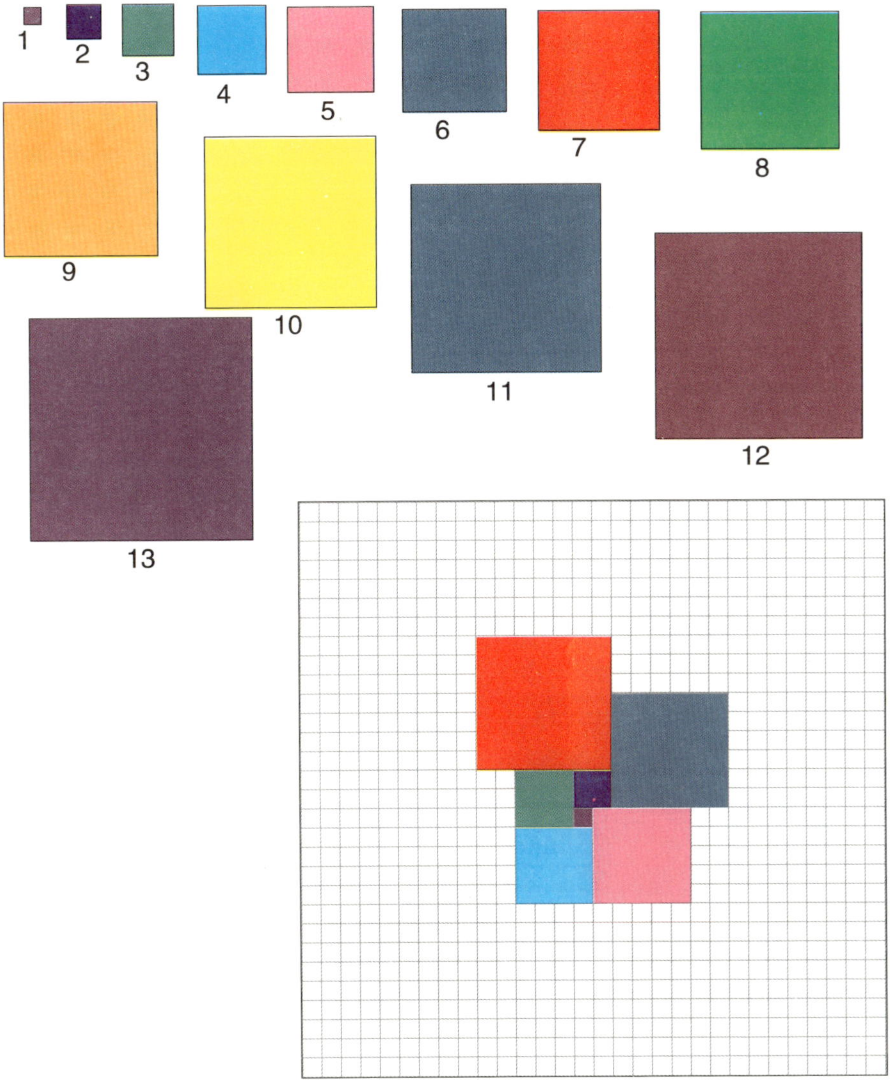
1
2
3
4
5
6
7
8
9
10
11
12
13

172

失物招领处

多拉、利比、罗布、托马斯和温妮一起来到了失物招领处。最后，他们各自找回了自己丢失的一样东西。待领的东西是两副手套（一红一蓝）、一顶蓝色的帽子、一件带彩色花纹的运动衫和一双黑色的运动鞋。

现在有以下线索：

（1）利比和托马斯找回的东西上面都带有红色；

（2）托马斯和多拉各自找回了一副手套；

（3）温妮是回家时唯一一个手上没有拿着失物的人。

请问：他们各自找到了什么东西？

173

数字不见了

哪个数字不见了？

7	5	6	7	4	7	7	4	7	7	5	7	6	7
4	5	7	3	7	4	6	7	5	6	7	4	7	5
7	6	7	5	7	7	4	7	2	6	4	7	6	7
6	3	6	4	5	2	5	6	5	6	5	6	4	5
7	5	7	4	7	6	6	7	1	5	6	6	5	7
6	2	6	4	6	7	4	6	?	4	6	6	3	6
4	7	6	6	3	7	6	7	3	7	3	5	3	7
6	7	5	7	7	5	6	5	7	7	7	6	7	5
5	7	2	5	4	7	7	7	3	5	7	3	6	7
6	7	5	7	6	5	6	4	6	7	6	7	6	7

174

贪婪的书蛀虫

书架上有一套思维游戏书，共 3 册。每册书的封面和封底各厚 1/8 厘米，不算封面和封底，每册书厚 2 厘米。现在，假如书虫从第 1 册的第 1 页开始沿直线吃，那么，到第 3 册的最后一页需要走多远？

175

地图上色

给上面的这 3 幅地图上色，使有重叠部分的任意 2 个地区的颜色都不同。每幅地图最少需要几种颜色？

176

伪装

8 个士兵已经埋伏在森林中，他们每个人都看不到其他的人。

如图，每个人都可能埋伏在网格中的白色小圆处，通过夜视镜每个人只能看到横向、竖向或斜向直线上的东西。

请你在图中把这 8 个士兵的埋伏地点标出来。

177

犹豫的冒险家

阿拉丁是一个非常喜欢冒险的人。这一次，他走进了一片从未有人走过的森林，却不幸迷路了。

这天，他来到了一条岔路，发现那儿有五块彩色的大石头，各自通向一条小路。阿拉丁不知道该选择哪一条路，决定先坐下来休息休息。到了正午，阳光穿过树叶的缝隙照到大石头上，阿拉丁猛然发现，中间那块绿色的大石头上面仿佛写着字。

他仔细一看，发现上面写的是："这是五块表里不一的五色石。在每块石头内还各藏有另外一块石头，它的颜色与外面石头的颜色是完全不同的。你必须排出正确的顺序，并走红色宝石所指领的道路，才能回到你的世界。"

另外四块石头上，则各有一个提示：

红宝石：紫宝石旁的石头是蓝宝石。

蓝宝石：绿宝石与紫宝石之间隔着一块石头。

紫宝石：红宝石与蓝宝石不相邻。

黄宝石：黄宝石位于左边第二个位置。

阿拉丁想了半天，也不知道自己应该选择哪一条路，亲爱的读者，你能帮助他吗？

178

第 3 支铅笔

在这堆铅笔中，按照从下往上数的顺序，哪支铅笔是第 3 支呢？

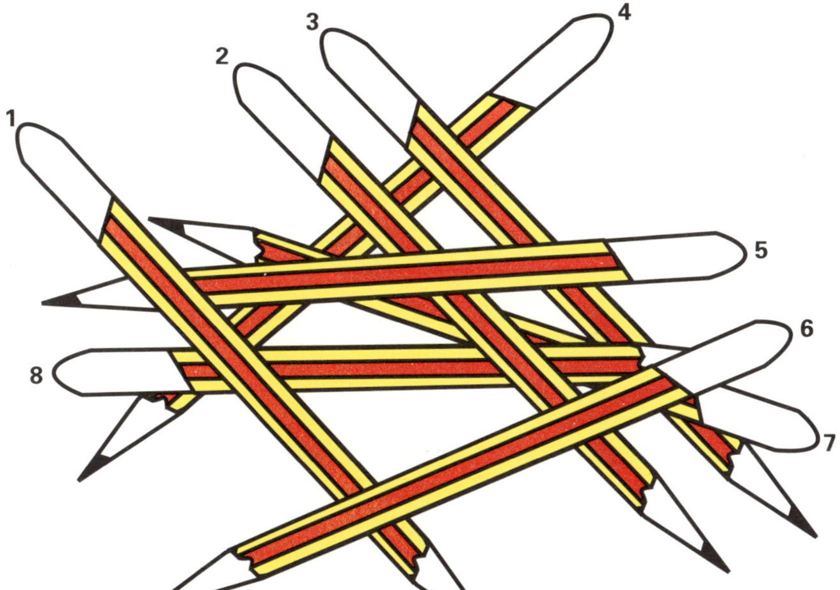

179

哈密尔敦闭合路线

一个完全哈密尔敦路线是从起点 1 开始，到达所有的圆圈后再回到起点。你能不能将 1 ~ 19 这几个数字依次标进圆圈中，完成这样一条路线呢？

你每次只能到达一个圆圈，并且必须按照图中的箭头方向前进，不准跳步。

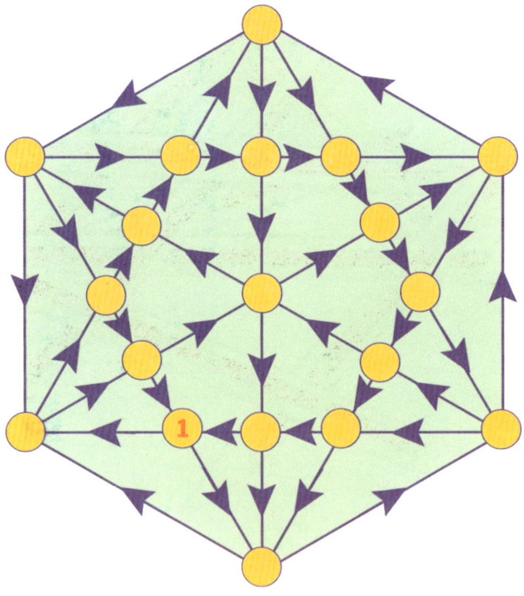

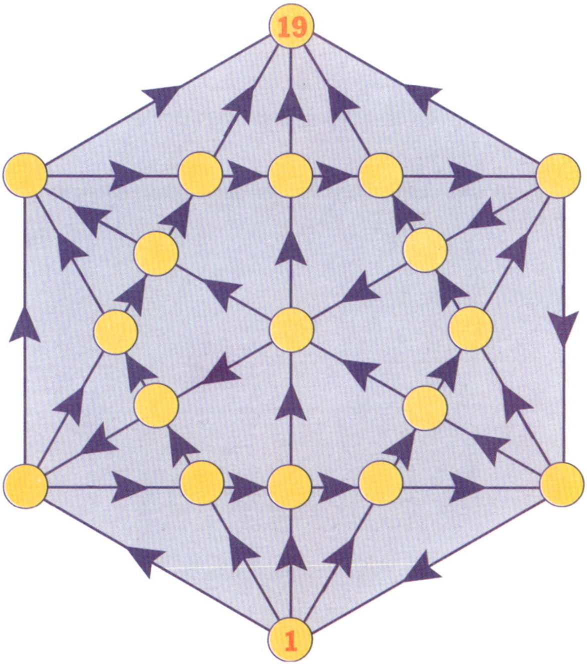

180

哈密尔敦路线

从游戏板上的 1 开始，必须经过图中每一个圆圈，并依次给它们标上号，最后到达 19。你每次只能到达一个圆圈，并且必须按照图中的箭头方向前进。

注意：不能跳步。

181

卡罗尔的迷宫

如图所示，从迷宫中心的菱形开始，你能否走出这个迷宫？

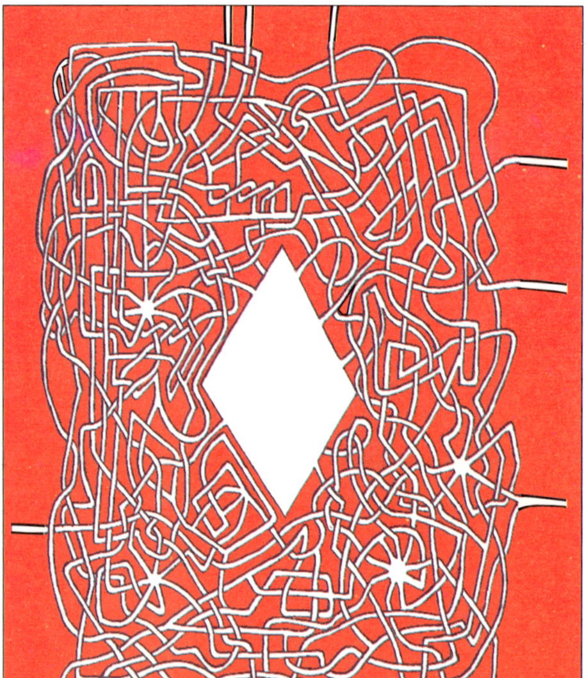

182

图案上色

请你给下面的图案上色，使任意 2 个相邻地区的颜色都不相同。

请问最少需要几种颜色？

183

五格六边形游戏

你能否用22个五格六边形填满下页的图？

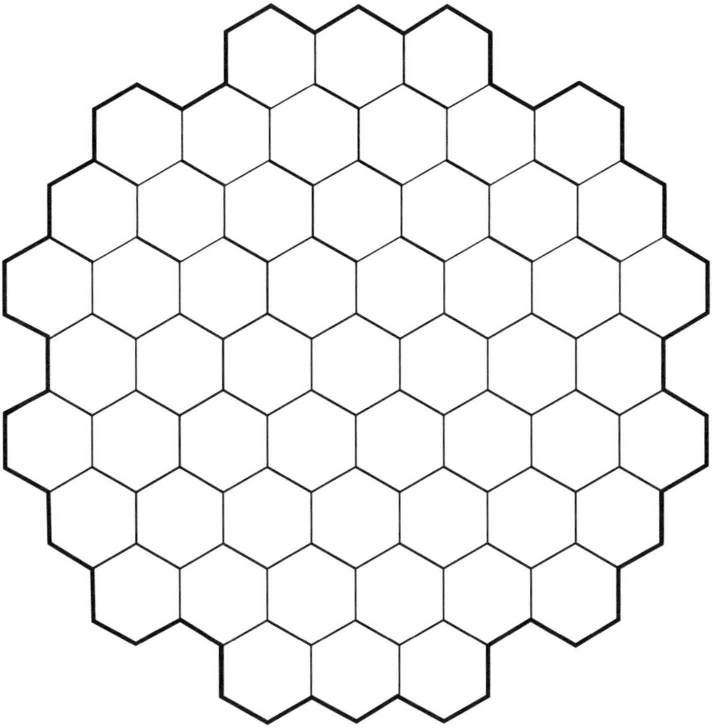

184

被偷走的答案

一天，在斯特教授的一节化学课上，他的化学测验的答案被人偷走了。有机会窃取这份答案的，只有甲、乙和丙这三名学生。

（1）这个教室里总共上了五节化学课。

（2）甲只上了其中的两节化学课。

（3）乙只上了其中的三节课。

（4）丙只上了其中的四节课。

（5）斯特教授只讲授了其中的三节课。

（6）这三名学生都只上了两节斯特教授讲授的课。

（7）这三名被怀疑的学生出现在这五节课的每节课上的组合各不相同。

（8）在斯特教授讲授的一节课上，这三名学生中有两名来上课了，另一名没有来。事实证明来上这节课的那两名学生没有偷取答案。

这三名学生中谁偷了答案?

185

五格拼板围栏

当 12 个五格拼板拼成一个矩形的轮廓时，在它们的内部能够围成的一个最大的矩形如下页图所示。

你能把这 12 个五格拼板的位置画出来吗？

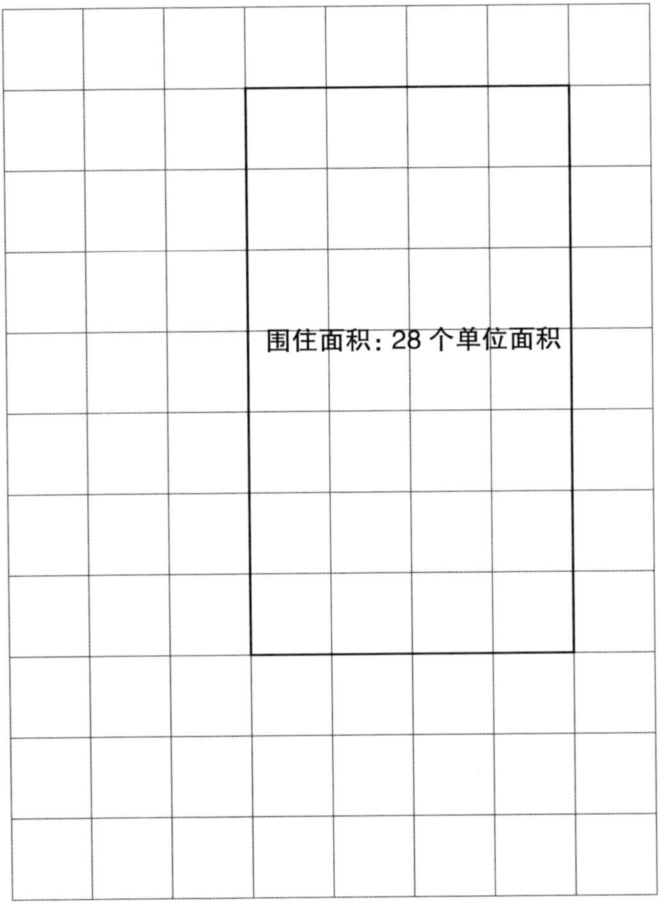
围住面积：28 个单位面积

186

电话密码

某国正在缉拿一伙在逃的走私犯。

一天，保安处的查理来到黑塔旅馆。他发现旅馆老板家的朋友们正是被通缉的那伙坏蛋。由于这些人不知道查理的真正身份，就没有注意他。为了抓住这些家伙，查理决定用电话通知保安处。机智的查理假装在和女友通电话：“亲爱的琼，您好！我是查理，昨晚不舒服，不能陪你去酒吧，现在好些了，全亏黑塔旅馆老板上次送的药。亲爱的，不要和目标生气，我们会永远在一起的。请你原谅我的失约，我们不是很快就要结婚了吗？今晚赶来你家时再道歉！亲爱的，再见！”

那些家伙听了查理这番情话大笑起来。可是10分钟后，保安处的警员们因为这个电话，突然出现在黑塔旅馆，将走私犯全部抓住了。

你知道查理在打电话时，做了什么手脚吗？

187

有钉子的心

如图所示，大的心形图案上有很多钉子（在图中用黑色的圆点表示）。在下面的 3 个小的心形图案上各有一些小孔（在图中用白色的圆点表示）。现在请你将这 3 个小的心形图案覆盖到中间的大的心形图案上，尽量让这些小孔能够覆盖最多的钉子。

提示：可以将 3 个小的心形图案旋转之后再覆盖上去。

188

图案上色

现在要给这 2 幅图分别上色，问至少需要几种颜色才能使每幅图中相邻的 2 个图形颜色不同?

这里的相邻图形指 2 个图形必须有 1 条公共边，而不能只有 1 个公共点。

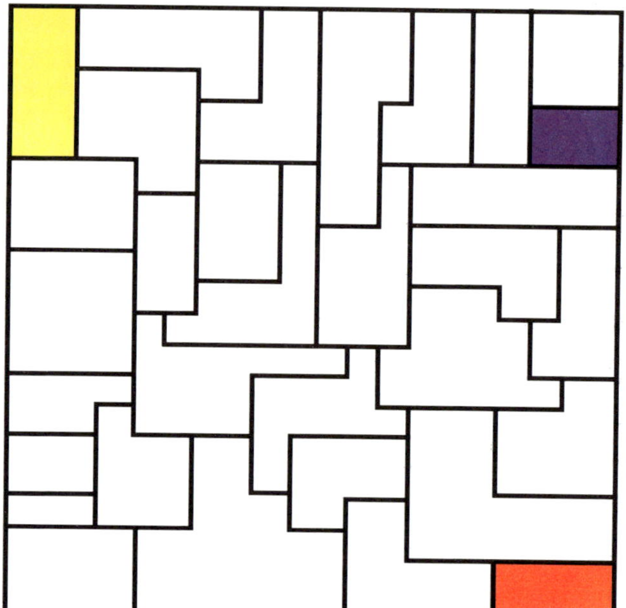

189

第 5 种颜色

1975 年 4 月,《美国科学报》发表了该报数学版记者马丁 · 加德纳的一篇文章,文章中称威廉 · MC. 格雷格——纽约的图论学家发明了一张地图,这张地图至少要用 5 种不同的颜色上色才能使地图上每两个相邻地区的颜色不同。

上面就是这张用上了 5 种颜色的地图。请问你能用更少的颜色上色,并使之满足条件吗?

190

折叠问题

沿着蓝色的线分别把空白正方形上边和左边的正方形剪开。

请你把这些剪开的纸条向空白的正方形折叠，使该正方形的颜色跟所给出的正方形颜色相同。请问应该怎样折叠？

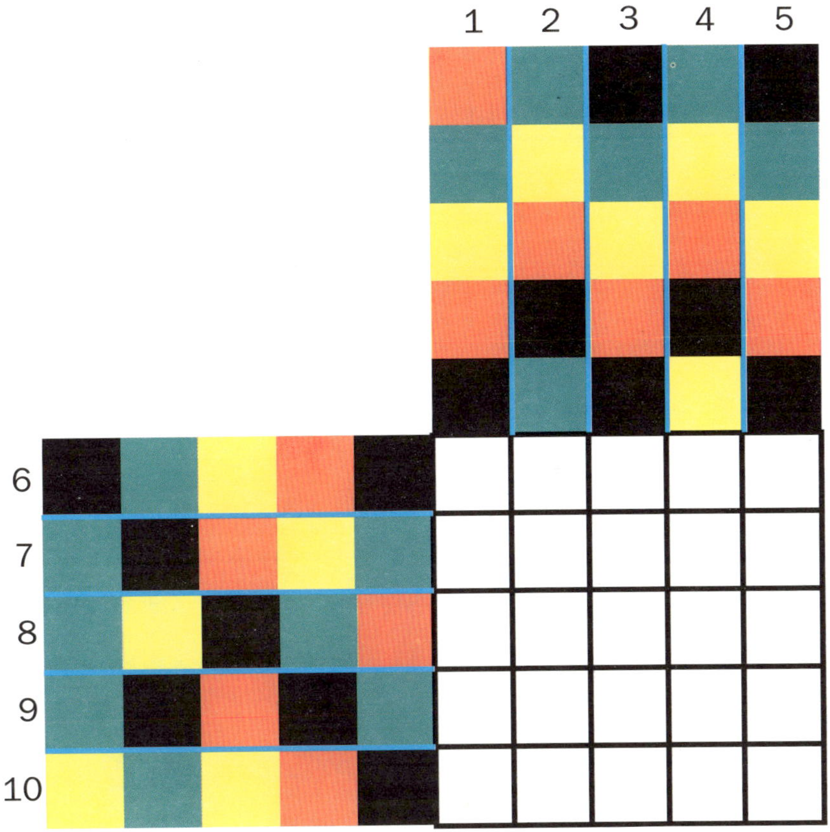
1
2
3
4
5
6
7
8
9
10

191

翻转玻璃杯

有 7 个倒放着的玻璃杯，要求你把这 7 个杯子全部正过来，但是每次都必须同时翻转 3 个杯子。

请问最少需要几次才能完成?

192

交换情报

警察发现在一家旅馆里住进了两个间谍，他们准备接头交换情报。为了截获这些情报，探明其计划，警察动用了各种先进手段，对这两个人进行监视、监听，并派了两个特工日夜跟踪。让人惊讶的是，这两个间谍从来就没有见面交谈过，更没有打过电话。

警方经过认真排查，认定这两个间谍唯一的接头机会就是在旅馆的公共浴室里。因此他们对浴室的里里外外进行了彻底的搜查，不放过任何蛛丝马迹，但还是一无所获。最后他们决定放弃这一线索。正当警察们准备离开时，有一个警察突然找到了答案。

那么，这两个间谍是如何接头交换情报而又不被别人发现的呢？

193

纸条的结

下面 6 幅图分别是由 6 个纸条绕成的。

问哪一幅图与其他 5 幅都不同？

1

2

3

4

5

6

194

中断的直线

2 条相交的直线被一张黑色的卡片遮住了一部分，只用眼睛看，不用直尺，请问图中这 9 条彩色的线中哪一条是原相交直线上的部分?

195

审问石头

一天，包公访客途经一个小县城。忽然一个卖油条的男孩在大街上拦住了包公，哭喊说他的钱被偷了。男孩说他把油条卖完后，数了数，一共一百枚铜钱。铜钱放在篮子里，他靠在路边的这块石头上睡着了。醒来后，铜钱就不见踪影了。

包公听完后，想了想，对男孩说："一定是这块石头偷走了，我来审一审它。"于是就命令跟随的差役重责石头四十大板。差役们抡起大板，噼噼啪啪打得石头火星四溅，附近的人见状纷纷围拢过来。包公见人越来越多，便示意差役们住手。

包公对大家说："这个男孩丢了卖油条的钱，怪可怜的，我判在场的每个人给男孩一枚铜钱。"然后，他命令差役端来一盆水，率先将一枚铜钱扔进了盆里。看热闹的人本来就很同情这个孩子，又见包公带了头，就自觉排好队，一个挨一个往盆里扔铜钱。

扔着扔着，有一个人刚把铜钱扔到盆里，包公立刻命令差役："把他抓起来！"然后指着这个人说："就是你偷了小孩儿卖油条得来的钱！"

那个人吓得马上撒腿想跑，不想却被众人围住，绑了回来。

有人问包公："你凭什么说这个人就是偷钱的人呢？"包公向众人说出了一番话，大家才恍然大悟。

196

彩色方形图

底部这 5 张编号的方形卡片中哪张永远不可能在上方的图中找到?

1　　2　　3　　4　　5

197

光路

镜子迷宫里的红线条都是双面镜。

通过哪个缺口进入能指引一束激光穿过这个镜子迷宫？

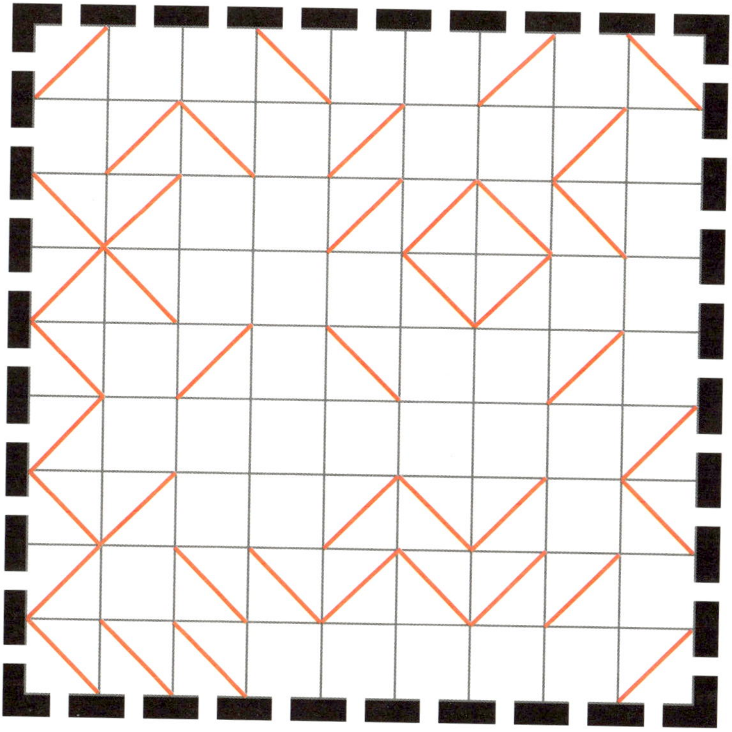

198

分割多边形

要把这些正五边形和正六边形分割成三角形，要求分割线只能是连接两个顶点的线段，而且这些分割线之间不能相交，问你能想出多少种分割方法？

在该题中，同一个图形的旋转和镜像被认为是不同的图形。这个问题也被称为欧拉多边形分割问题。

199

智破伪证

赫梅尔有一次出庭为一家保险公司辩护。

案情是这样的：原告参加了这家保险公司的人身保险。他的肩膀被掉下来的广告牌砸伤了，而且伤得很重，手臂抬不起来，于是他向保险公司提出了巨额的赔偿请求。

保险公司凭着多年的从业经验，怀疑原告诈保，于是拒绝巨额赔偿，双方因此闹到法庭。保险公司请来了赫梅尔作辩护律师。

赫梅尔仔细分析了案情，又从多方面对原告进行了观察，很快就看出原告所说的伤势有假。开庭时，赫梅尔以一种关心的口吻问原告:“为了证明你的伤势，请你给陪审员们看看，你的手臂现在能举多高？”原告慢慢将手臂举到齐肩高时就痛苦不堪，不能再举了。接着赫梅尔又问了一个问题让原告的伪证不攻自破。

那么你知道赫梅尔是怎样让原告的伪证不攻自破的吗？

200

拼接六边形

将图中给出的 10 个部分复制并裁下。

将这些部分重新安排成一个 4×4×4 的八边形蜂巢模式，如图所示。

答案

第一章　逻辑思维游戏

001　4 个盒子里的重物

1 ~ 52 全部都能放进盒子里，如图所示。

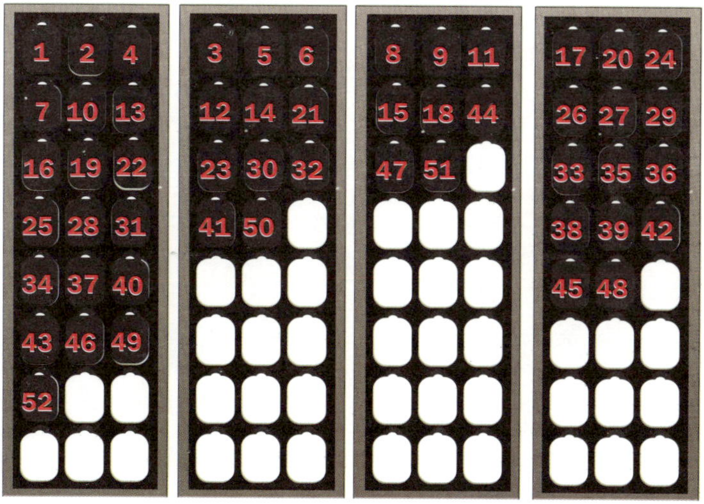

002 立方体上色

有3个红色表面的立方体：8个

有2个红色表面的立方体：12个

有1个红色表面的立方体：6个

没有红色表面的立方体：1个

003 相邻的数

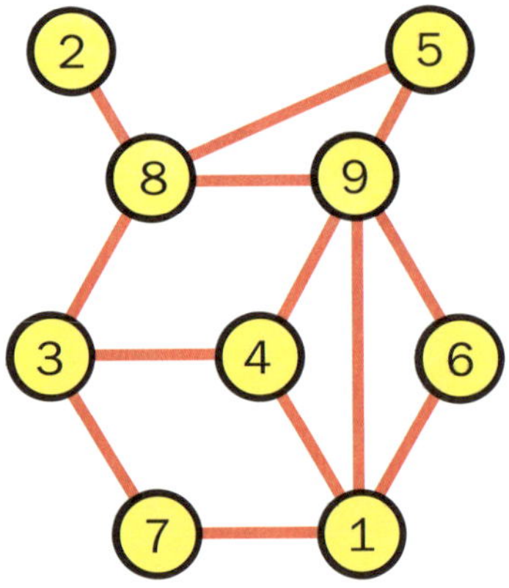

004 邮票藏在哪里

小偷把邮票沾水后贴在电风扇的叶片上，然后打开电风扇，因为电风扇在转动，所以不可能发现邮票。警察关掉电风扇，邮票自然也就找到了。

005 十二角星

006 两座塔

如图所示，需要移动17步。

007 折叠图形

E。

008 谁盗走了项链

盗窃项链的是 B 先生。

因为林德看到他的手指呈现出蓝黑色。约翰将珍宝盒用湿的封条封上，糨糊是含有淀粉的，当 B 的手指接触到封条时，碘酒与封条糨糊中的淀粉发生了化学反应，原来黄色的手指就会呈现蓝黑色。

009 立方体迷宫

010 金字塔迷宫

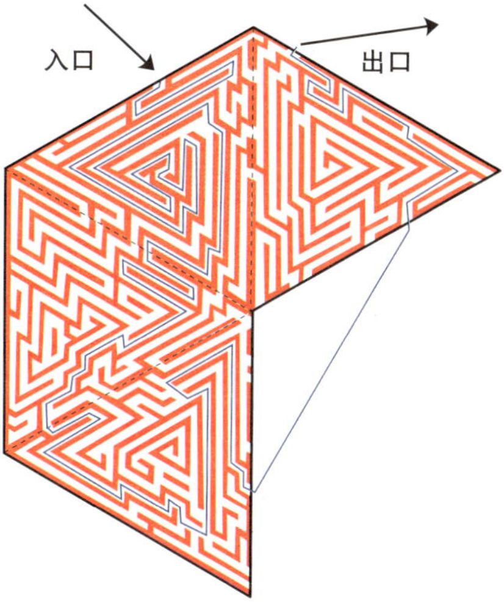

011 六格拼板

012 五格六边形

013 钻石大盗的计谋

詹妮弗使了一个调包计。她把珠宝藏在休斯敦夫人的衣箱内，因为她断定警方不会想到去检查受害人的衣物。等到列车靠站后，全部行李都堆放在月台上，詹妮弗便用事先准备好的一个一模一样的衣箱调换了休斯敦夫人的衣箱，于是珠宝便到了她的手里。

014 隐藏的图形

图形 1 和图形 2 在图中分别出现了 2 次，如图所示。

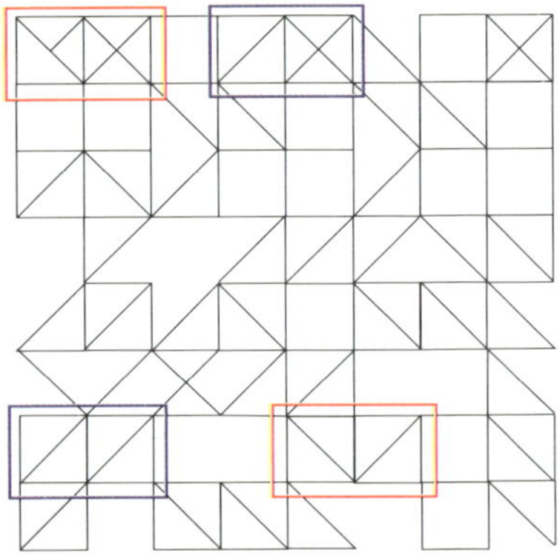

015 折叠 6 张邮票

第 3 种折叠方法是不可能的。

因为斜向相邻的颜色折叠以后不可能相邻。

016 是走错房间了吗

小伙子敲门露了馅儿。因为 3、4 两层全是单人间，任何一个房客走进自己的房间时，都不会先敲房门的。

017 折叠 8 张邮票

首先左右对折，将右边的 4 张折到下面去。这样 5 在 2 上面，6 在 3 上面，4 在 1 上面，7 在 8 上面。

然后再上下对折，这样 4 和 5 相对，7 和 6 相对。

然后将 4 和 5 插到 3 和 6 中间，最后将 1 折在 2 上面。

018 折叠正方形

A.4　B.1　C.1　D.3

019 方块里的图形

如图所示，原图中少了一个红色正方形。

20 色子家族

C。其他色子都可以用上方的那张图纸折出来。

21 第一感觉

22 园艺家是个骗子

一年生植物的寿命只有一年，它的全部生命现象（发芽、生长、开花、结果、死亡）都会在一年内出现并结束，所以它绝对不可能年年开花结果。

23 最小的图形

这 6 幅图中只用了一种基本图形，如图所示。

每一种图案都是由这一种基本图形合成的，该图形通过旋转可以有 4 种方向。

100 年前，皮尔·多米尼克·多纳特引入了这个概念：由一个最基本的图形单元通过不同的排列以及对称可以形成各种不同的图案。

1922 年，安德烈亚斯·施派泽出版了《有限组合的理论》，在书中他分析了古代的装饰物，他说，这些装饰物的图案完全不能用某个数学公式来计算它们的复杂性。在这种意义上甚至可以说不是数学产生了艺术，而是艺术产生了数学。施派泽通过单个图形单元的对称、变形、旋转和镜像得到了这些复杂的图案（通过各种方法组合得到最终的图案：他一共用了 17 组，用这 17 组基本图形可以组成所有人们想得到的图案）。

024 锯齿形彩路

如图所示，黄色能形成一条封闭的环形线路。

025 镜面七巧板

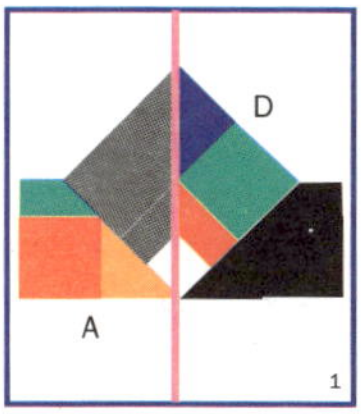

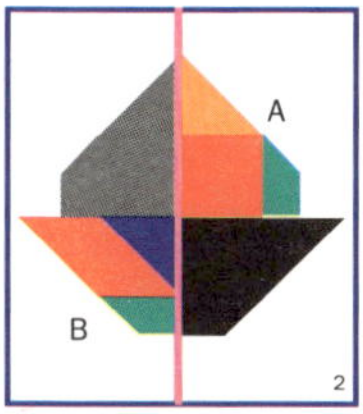

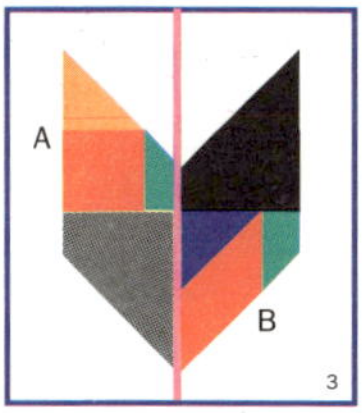

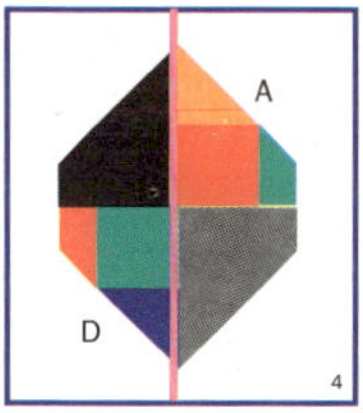

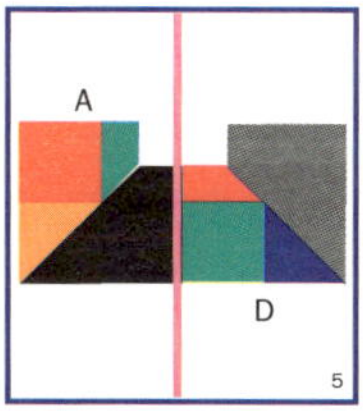

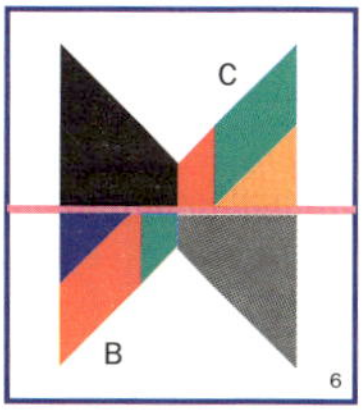

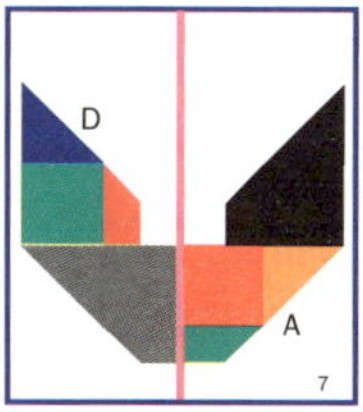

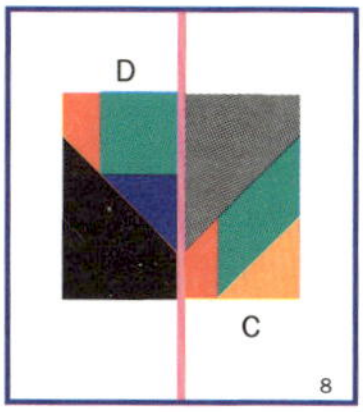

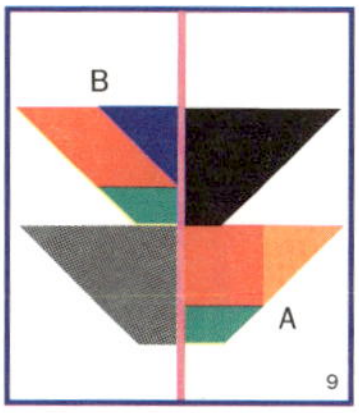

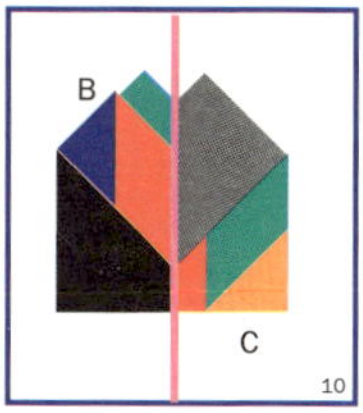

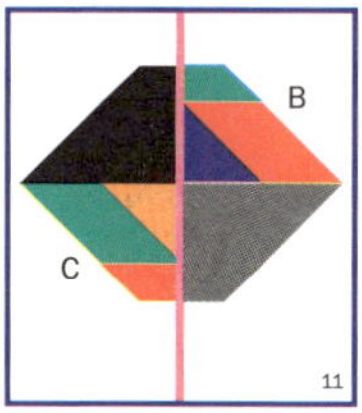

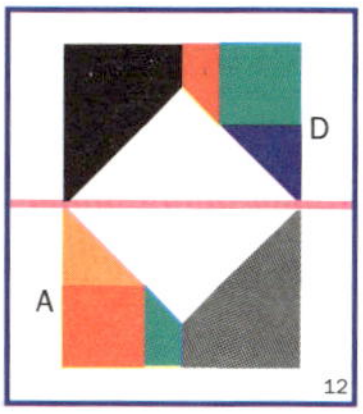

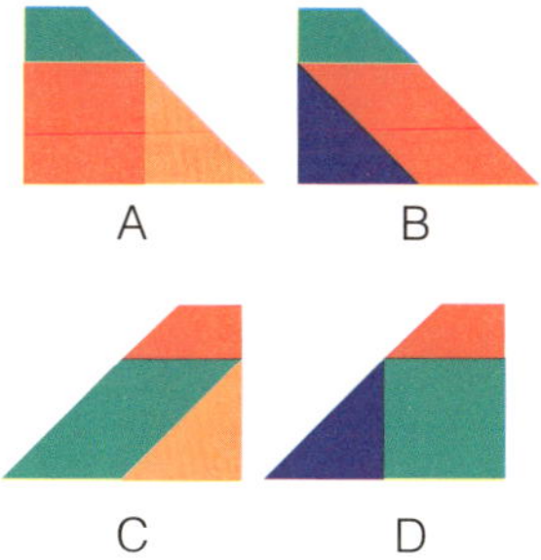

026 三阶拉丁方

027 今年冬天的第一场雪

警长是从屋檐上挂着的冰柱推断出来的。昨天夜里才下雪，第二天早上屋檐上就有了冰柱，说明夜里有人在屋里使用过电暖炉之类的东西取暖，导致屋内屋外温差很大，所以屋檐上结了冰柱。这个人既然是单身，可判断昨天夜里他一定在家。他说两天前就出门到外地去了，完全是在撒谎。

028 图案速配

1	2	3	4	5
6	7	8	9	10
11	12	13	14	15
16	17	18	19	20
21	22	23	24	25
26	27	28	29	30

5	27	13	28	8
30	11	18	3	20
23	16	7	15	29
2	17	10	6	26
9	14	22	1	24
21	4	19	25	12

029 等积异型魔方

30 不完整正方形的个数

如图所示，一共有 15 个正方形。

31 死在阿尔卑斯山

警方断定凶手是杰森。他假装正午离开小屋，等 1 点 30 分罗伯特和约翰都离开后，便进入小屋杀了乔。他随即往下跑到半山腰，偷了约翰放在那里的滑板，一口气滑向山庄，所以花了 4 小时 40 分就到达了旅馆。因此，1 点 30 分出发的约翰到达半山腰时找不到自己的滑板了。而罗伯特和约翰都没有作案时间。

32 立方体上色游戏

这 8 个立方体的上色可以用一个平面的席雷格尔表格表示，这跟三维的立方体是拓扑等价的。

最少需要 3 种颜色，如图所示。

33 加减

如图所示。

```
   x11
   33x
   xxx
   77x
+  xxx
------
  1111
```

034 毕达哥拉斯正方形

035 滚动色子

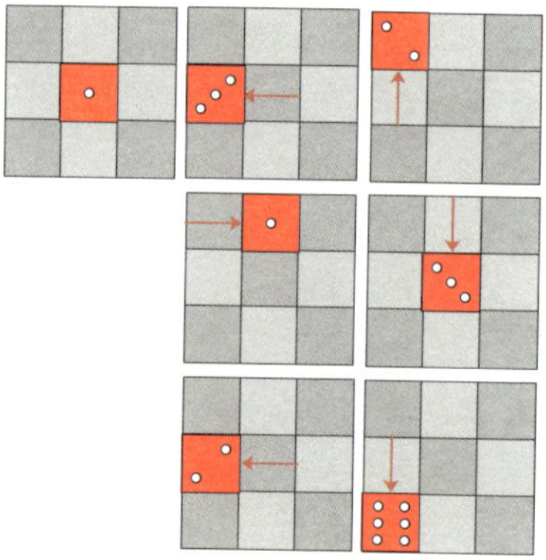

036 棋盘正方形

一共有204个正方形，这个结果是由下面这个式子得到的：

$$8^2+7^2+6^2+5^2+4^2+3^2+2^2+1^2=204$$

边长包含n个单位正方形的大正方形里所含的正方形数等于从1到n的整数的平方和。

037 迅速破案

凶手是送牛奶的人。因为只有知道辛普森太太已经遇害，他才不再到这里送牛奶，而送报纸的人显然不知道这一点，每天仍然准时把报纸送来。

因此，送报纸的虽然每天都来，却因此被解除了嫌疑。送牛奶的人作案后，显然没有想到这桩凶案在十多天以后才被人发现，他停止送奶的行为恰恰暴露了自己的罪行。

038 滑行方块

如图所示，需要 23 步。

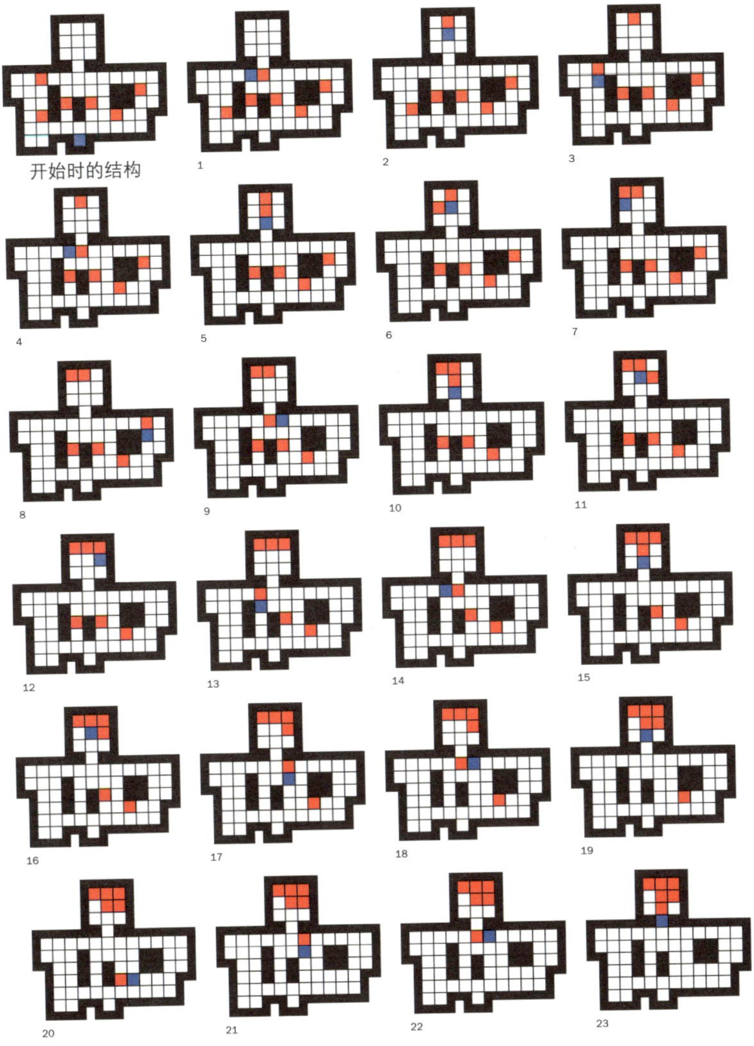

39 五格六边形游戏板

40 棋子

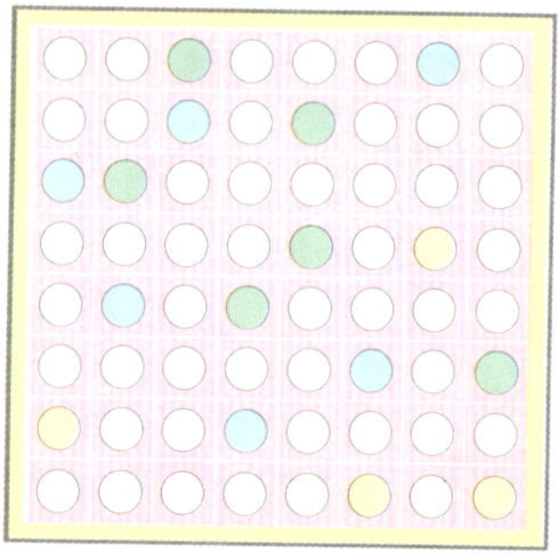

41 父亲和儿子

可能的情况有以下几种：

父亲 96 岁，儿子 69 岁；父亲 85 岁，儿子 58 岁；

父亲 74 岁，儿子 47 岁；父亲 63 岁，儿子 36 岁；

父亲 52 岁，儿子 25 岁；父亲 41 岁，儿子 14 岁。

从图中看，应该是最后一种情况。

42 多米诺骨牌

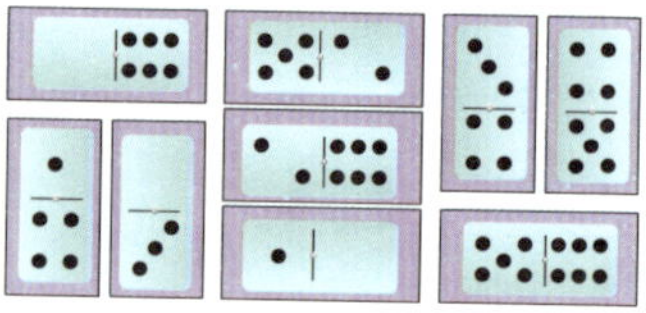

43 失窃的海洛因

罪犯是实习医生。

被盗的药瓶只贴有海洛因化学式的标签。一看到这个化学式就知道它是海洛因的人，只能是实习医生。

44 战俘的帽子

如果这些战俘能够正确地站成一列，所有人都能被释放。

第 1 个战俘站在这一列的最前面，其他的人依次插入，站到他们所能看到的最后一个戴红色帽子的人后面，或者他们所能看到的第一个戴黑色帽子的人前面。

这样一来，这一列前一部分的人全部都戴着红色帽子，后一部分的人全部都戴着黑色帽子。每一个新插进来的人总是插到中间（红色和黑色中间），当下一个人插进来的时候他就会知道自己头上帽子的颜色了。

如果下一个人插在自己前面，那么就能判定自己头上戴的是黑色帽子。这样能使 99 个人获救。

当最后一个人插到队里时，他前面的一个人站出来，再次按照规则插到红色帽子与黑色帽子中间。这样这 100 个战俘就都获救了。

45 最长路线

最多可以走 5 步。

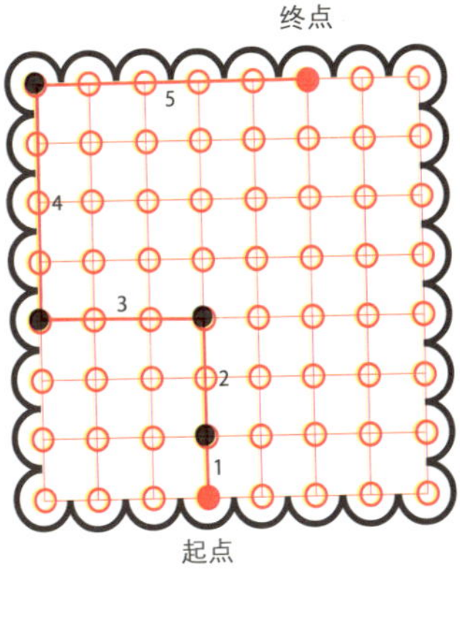

46 3 个小正方形网格

事实上，由 1 到 9 当中的 3 个数字组成和为 15 的可能组合有 8 种。

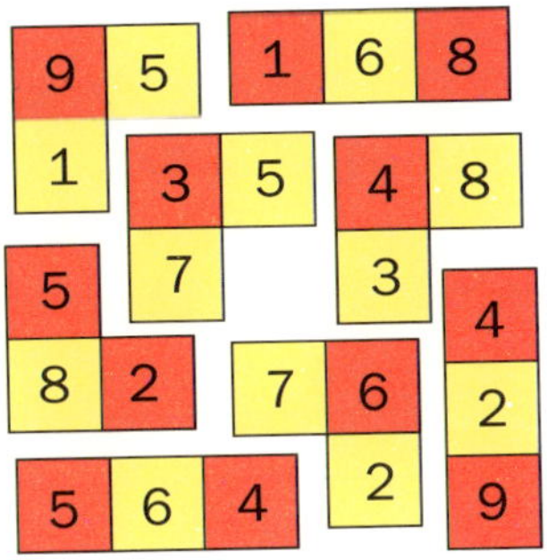

47 小镇的烦心事

凶手是托马斯。公交公司的工人正在罢工，他不可能坐公共汽车去俱乐部。

48 贝克魔方

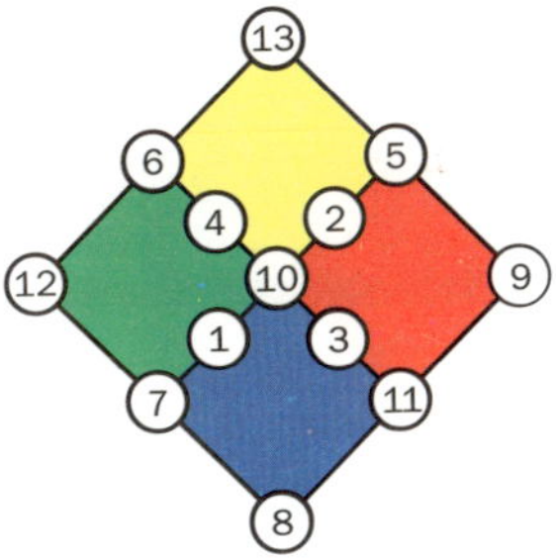

049 九宫图

九宫图中的9个数字相加之和为45。

因为方块中的3行（或3列）都分别包括数字1到9当中的1个，将这9个数字相加之和除以3便得到“魔数”——15。

总的来说，任何n阶魔方的“魔数”都可以很容易用这个公式求出：$\frac{n^3+n}{2}$

和为15的三数组合有8种可能性：

9+5+1　9+4+2　8+6+1

8+5+2　8+4+3　7+6+2

7+5+3　6+5+4

方块中心的数字必须出现在这些可能组合中的4组。5是唯一在4组三数组合中都出现的。因此它必然是中心数字。

9只出现于两个三数组合中。因此它必须处在边上的中心，这样我们就得到完整的一行：9+5+1。

3和7也是只出现在2个三数组合中。剩余的4个数字只能有一种填法——这就证明了魔方的独特性（当然，旋转和镜像的情况不算）。

2	9	4
7	5	3
6	1	8

050 七角星魔方

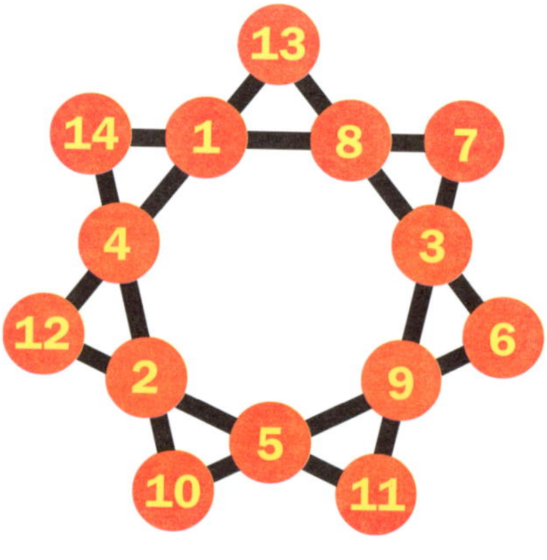

第二章 推理思维游戏

51 立方体朝向

如图所示。

4

3

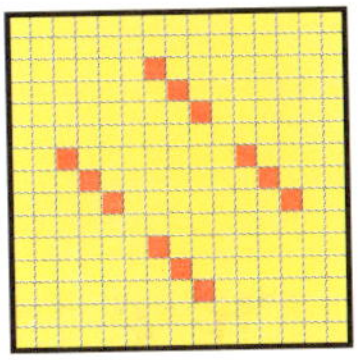

5

52 富兰克林的细胞自动机

原来的图形被复制需要 4 步，如下图所示。

麻省理工学院的爱德华 · 富兰克林于 1960 年发明了这个系统。这个系统非常有价值，最初的图形经过一定的步数后会复制为原来图形的 4 倍、16 倍、64 倍。

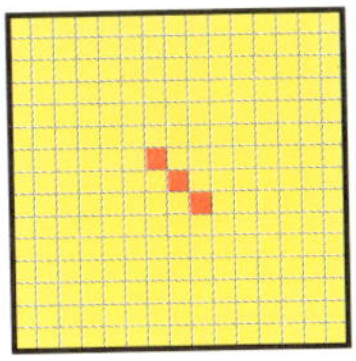

1

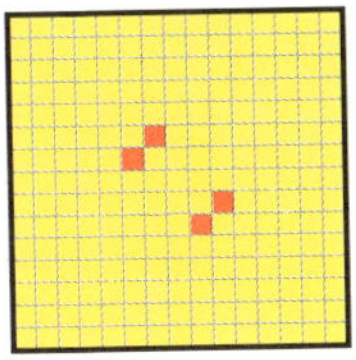

2

53 排队

54. 举起自己

如果这个女孩的力气足够大的话，她可以举起自己。如果她体重 60 磅（约 27 千克），而她坐的秋千重 4 磅（约 1.8 千克），她对绳子施加 32 磅（约 14.5 千克）的力就可以把自己举起来。

55. 谁是劫匪

两个男子的身材既然相差悬殊，手腕粗细自然也会有明显的分别。只要仔细观察一下表带上的洞孔痕迹，便会知道手表的主人是谁了。

56. 瓢虫花园

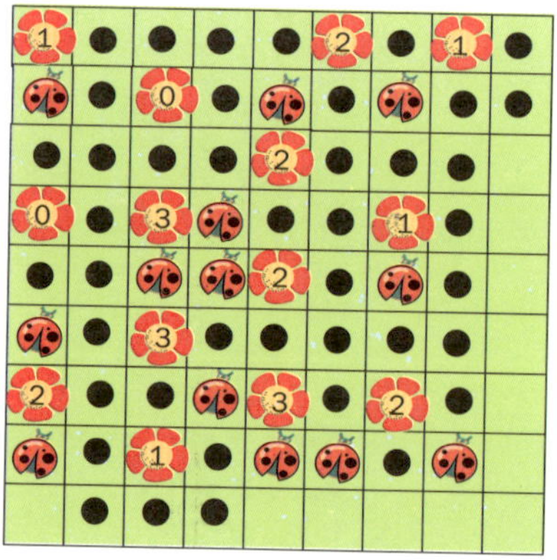

57. 金表被盗

戴维是小偷。我们可以发现，埃迪的供词和布朗的供词的前一半完全对立，布朗的供词的后一半和查理的供词完全对立，因此，这 4 句话中必定有两句是真的。由于最多只有一个人的供词是真的，所以布朗的话一定是半真半假，而戴维的供词就日肯定是假的，因此，他就是小偷。

58. 第 12 根木棍

8–10–7–3–2–11–5–4–13–1–6–9–12

59. 拼整圆

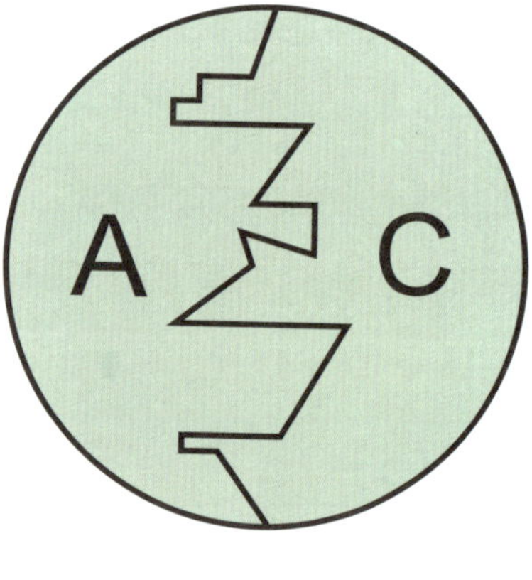

60 黑暗中的手套

要解答这道题，首先要考虑到拿到的全部都是左手手套或者全部都是右手手套的情况。它们分别都有 14 只。

在这种情况下，如果拿 15 只一定会拿到一双手套。

但是可以做得更好。尽管是在黑暗中，还是能够通过触觉分清左右手套。考虑到最差的情况，可以拿 13 只左手手套或者 13 只右手手套，然后再拿一只另一只手的手套。这样至少会有一对手套。也就是说，一共只需要拿 14 只手套就可以完成任务。

两种情况分别如图所示。

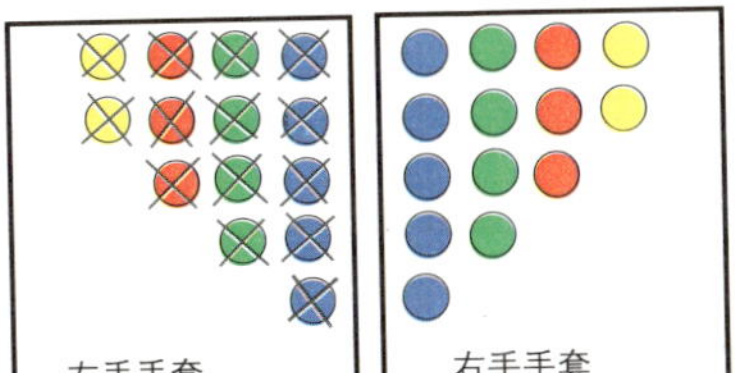

×代表拿出 14 只手套

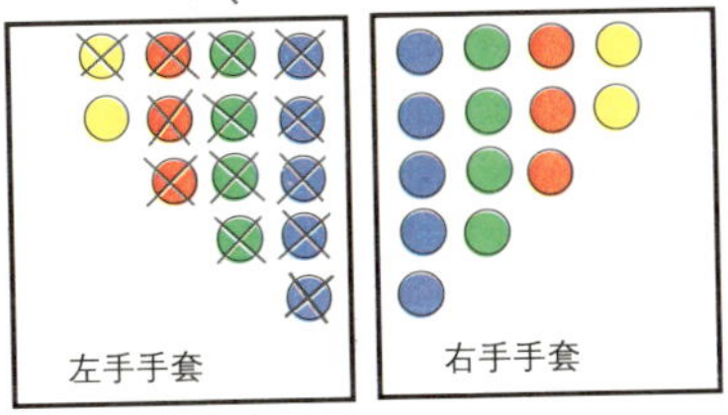

×代表拿出 13 只手套

61 对称轴

如图所示，有 2 个图案的对称轴不是 8 条。

62 一桩离奇的凶杀案

凶手是死者的弟弟。死者上身赤裸，未穿上衣服就开了门，说明凶手和他一定十分熟悉。如果是学生家长的话，出于礼貌，死者一定会穿好上衣，不会赤裸上身就去开门。

63 缺少的图形

C。

从左上角开始并按照顺时针

方向、以螺旋形向中心移动。7个不同的符号每次按照相同的顺序重复。

064 帽子的颜色

小丑B。

如果小丑A看到他前面2个人的帽子颜色相同，那么他马上就知道自己帽子的颜色了（包括小丑D帽子的颜色）。但是他所看到的是一红一绿，因此他不能做出判断。

而小丑B发现身后的小丑A在沉默，他就可以由此推断出自己与他前面的人的帽子颜色肯定不同。

065 玻璃杯

正放和倒放的杯子的个数都是奇数，而每次翻转杯子的个数是偶数，因此最后不可能将10个（偶数个）杯子都变成相同的放置情况。

奇偶性这个词在数学中首先是被用来区别奇数和偶数的。如果两个数同是奇数或者同是偶数，就可以说它们的奇偶性相同。

每次移动偶数个杯子，这样就保留了图形的奇偶性。

066 过河

一共有4种不同的解法，最少都需要4次才能将它们全都带过河。如图所示是其中的一种解法，其中M代表老鼠，C代表猫。

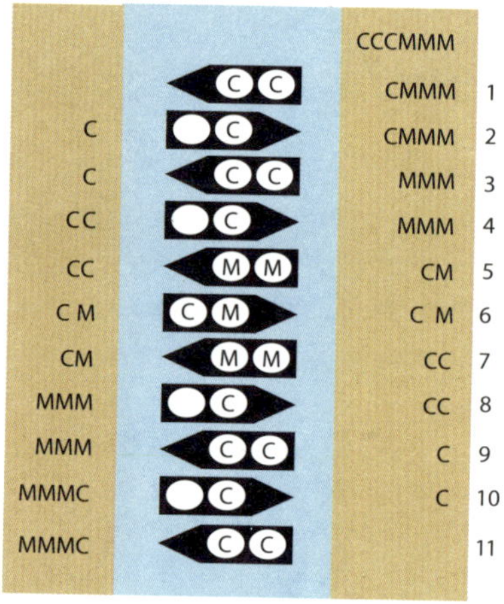

067 双重间谍

双重间谍R出身罗马在题中被特别强调出来。

一提到"出身罗马"，就要想到X不仅只是一个字母，还是一个罗马数字10。由此三人编号推测 R 肯定是要写大于等于 10 的数字，但没写完就断了气。Ⅻ是 12 号，所以杀死 R 的人肯定是 A 间谍。

068 升旗与降旗

旗子会上升。

069 向上和向下

重物 1：向上

重物 2：向下

重物 3：向上

重物 4：向下

070 黏合纸环

最后得到的是 3 个两两相连的纸环，其中 2 个是简单纸环，1 个是麦比乌斯圈。

071 瓷砖图案

尽管看上去似乎至少需要两种图形才能构成这两个图案，而事实上只要一种就够了。比如在第一幅图中，你把黄色部分看作背景，那么其余的部分就全部是由如图所示的紫红色图形所构成的。

072 奇怪的钟表并不怪

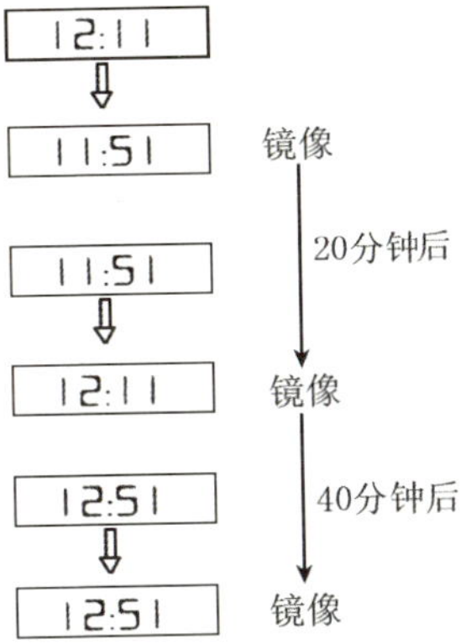

这是一个镜像电子时钟，需要通过镜子映照才能看到真实的时间。事实上，数字都是反过来的，即 12 点 11 分是 11 点 51 分、11 点 51 分是 12 点 11 分、12 点 51 分正好也是 12 点 51 分。

073 动物园的围栏

在面积相等的3个围栏中，正方形围栏所用的材料最少。

074 四点生成树

第1行的第3幅图中的公路总长度最短。

1968年，贝尔实验室的埃德加·吉尔伯特和亨利·波拉克提出一个理论：不管这几个城市的位置如何，用斯泰纳树的方法能够比用生成树的方法节约13.34%的距离。23年后这一理论被普林斯顿大学的堵丁柱教授和贝尔实验室的黄光明博士所证明。

要找到连接众多点之间的最短的线段可不是一件容易的事情。不过肥皂泡似乎“深谙此道”，把简单的模型浸入肥皂水中，往往马上就能得出结果。

075 找面具

那个生气的面具在第2行右边倒数第2个。

人的感知系统总是能够很容易察觉异常的事物，而完全不需要系统地查找。这个原理被用于飞机、汽车等系统里，从而使它们的显示器能够随时随地地探测出任何异常的变化。

076 数字1到9

32547891 × 6 =195287346

077 一起枪击事件

作案时间是12时5分。这道题看似复杂，其实正确的计算方法是很简单的：从最快的丙的手表（12时15分）中减去最快的时间（10分钟）就行了；或者将最慢的乙的手表（11时40分）加上最慢的时间（25分钟）也可以。

078 数字卡片

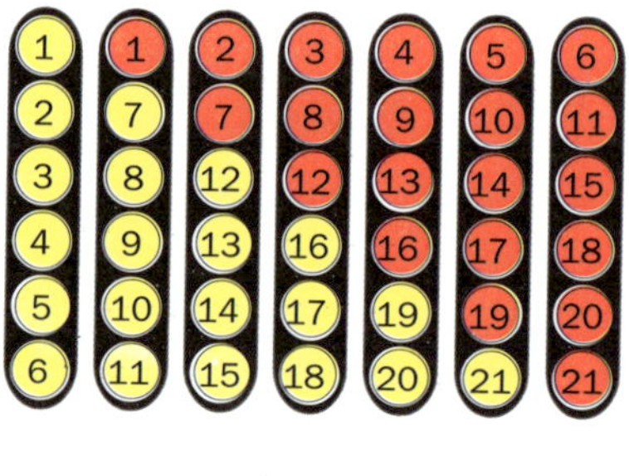

079 数字迷宫

99	100	95	94	81	80	73	72	69	68
98	97	96	93	82	79	74	71	70	67
89	90	91	92	83	78	75	64	65	66
88	87	86	85	84	77	76	63	62	61
13	14	29	30	31	32	33	34	35	60
12	15	28	27	26	25	24	23	36	59
11	16	17	18	19	20	21	22	37	58
10	45	44	43	42	41	40	39	38	57
9	46	47	48	49	50	51	52	53	56
8	7	6	5	4	3	2	1	54	55

080 重物平衡

7 个蓝色重物。

081 打开保险柜

里圈的数字是 8。其实，要想打开保险柜，并不需要将里外圈的数字全部对上，只要将外圈最小的数与内圈最大的数对上就可以了。这样，里外圈每组数字相加都会是 13。

082 帕瑞嘉的正方形

83 十二边形锯齿

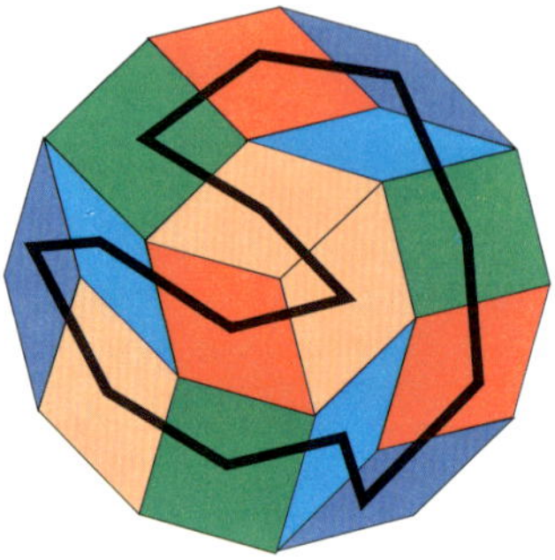

85 炸弹拆除专家

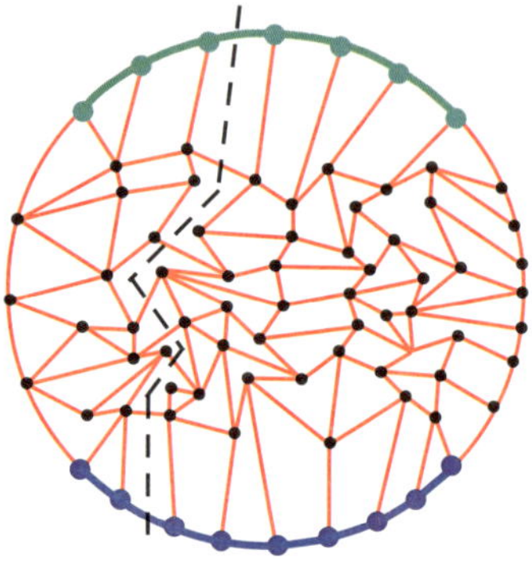

84 迷路的企鹅

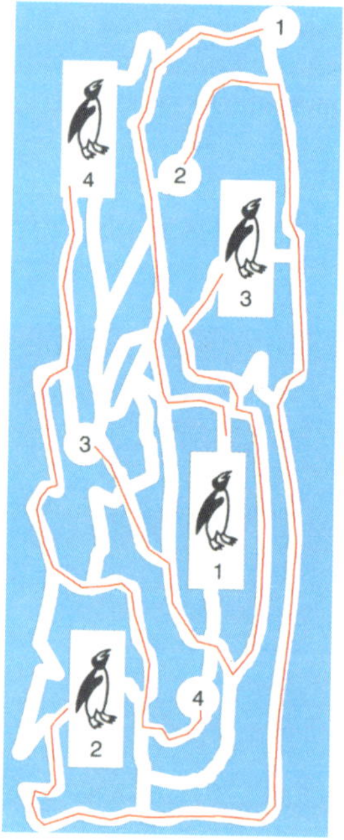

86 渔网

如图所示，18 条“鱼”都可以放进“渔网”。

87 盗窃犯

司机就是盗窃犯。他用特定的

方法（比如用纸做套子，套在花蕾上）推迟了牵牛花的开花时间，在作案后迅速返回住处，拍摄出花开全过程的照片作为伪证。

088 动物散步

如右图所示，从左下角开始，沿逆时针方向旋转，每4个动物的顺序相同。

089 蛇鲨

至少需要4种颜色，如下图所示。

马丁·加德纳把这样一系列用3种颜色上色满足不了条件的边染色图命名为“蛇鲨”。而事实上，这些图应该被称为“非三色上色图”。

090 七阶拉丁方

091 五阶对角线拉丁方

092 保密的措施不保密

因为雪特点燃了壁炉里的干柴，烟囱必然冒烟，屋里没人，而烟囱冒烟，一定会引起巡逻的警察的注意。

093 八角星魔方

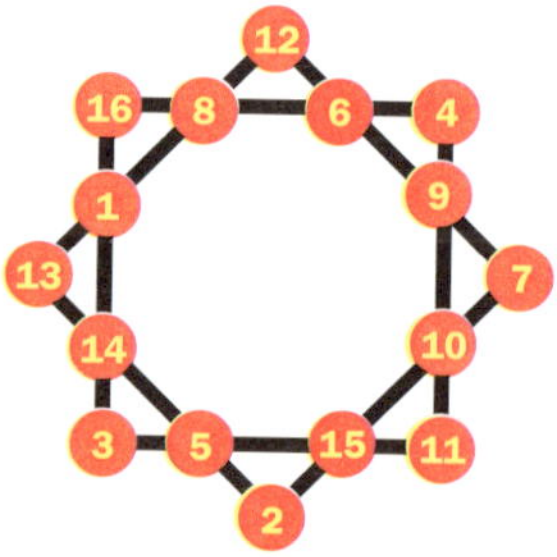

094 六边形的图案

只有这个图案是单独的，其他图案都是成对出现的。

95 动物转盘

满足条件的排序一共有 4 种，下图是其中的一种。

96 密探是怎么找出来的

因为这个人没有按规定把斗笠拿在左手，而是拿在了右手。所以，侦察员断定他是密探。

97 萨瓦达美术馆

我们可以用下面的定理来解决这个美术馆的问题。

如图所示，将这个美术馆的平面图分成若干个三角形，每个三角形的顶点分别用 3 种不同的颜色标注出来，每个三角形所用的 3 种颜色都相同。最后在出现次数最少的颜色的顶点处安放监视器。

但是这个办法只能帮助我们从理论上知道需要放多少台监视器。

按照这一定理一共需要 6 台监视器，然而在实际操作中只需要 4 台就够了。

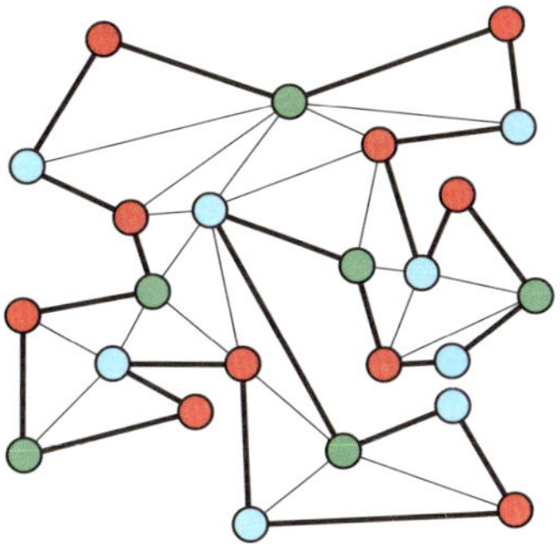

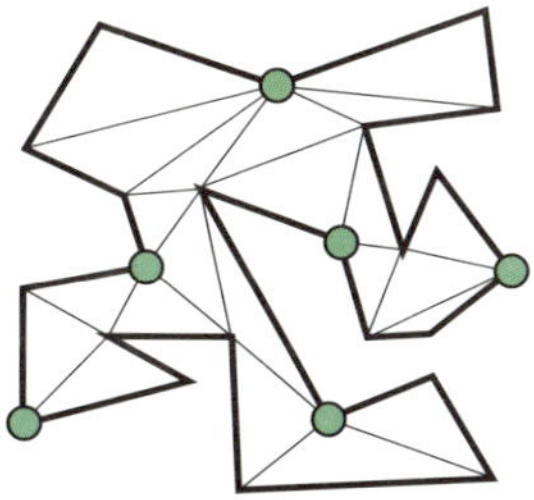

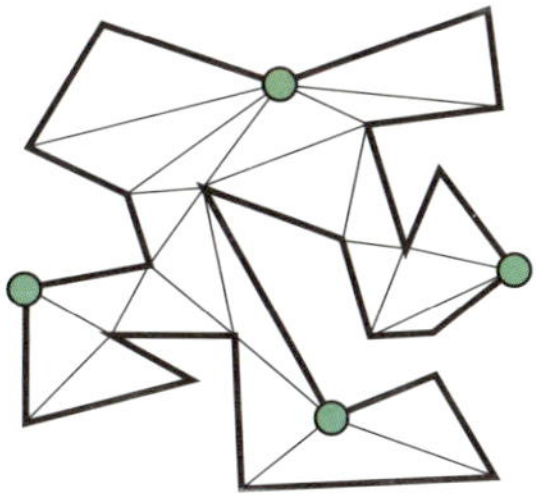

098 齿轮正方形

逆时针旋转两圈半。

099 卢卡数列

无论前 2 个数写的是什么，这 10 个数的总和总是等于绿色方框里的数的 11 倍。

100 扑克牌

设有 4 张牌，前 3 张的和为 21，后 3 张的和也为 21。那么就说明第 1 张牌和第 4 张牌一定相等。因此在这些牌中，每隔 2 张牌都是一样的。

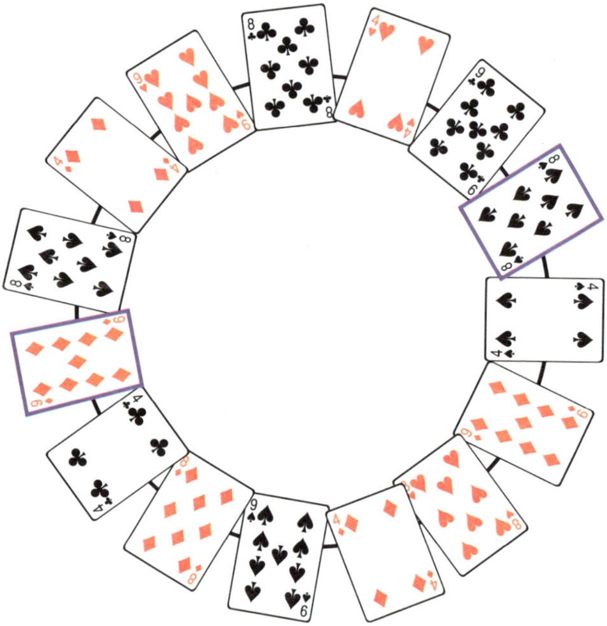

第三章　发散思维游戏

101 缺失的数

这个数列包含的数字都是上下颠倒过来也不会改变其数值的数字。

102 正确的图形

A，下面每个方框中的图形与其上面的图形加在一起可以形成一个正方形。

103 柯南的暗示

柯南特意选在更夫走到屋子外的时候点亮了灯盏，这样一来强盗拿着刀的影子就很清楚地映在了窗户上，这就给更夫提供了一个最好的暗示，所以更夫知道了屋子里有强盗。

104 真假难辨

105 8个金币

把8个金币分成2部分，一部分6个金币，一部分2个。

不管假币在哪一部分，我们只用2步就可以把它找出来：

先将第一部分的金币一边3个分别放在天平的左右两边。如果天平是平衡的，那么假币一定在剩下的2个中。

再将剩下的2个金币分别放在天平的两端，翘起的那一端的金币较轻，这个就是假币。

如果第一步分别将3个金币放在天平的两端，天平是不平衡的，如图所示，天平右端翘起了，说明右边较轻。那么假币是天平右边所放的3个金币中的1个。

再取这3个金币中的任意2个分别放在天平的两端，如果天平不平衡，那么轻的那一端放的就是假币。

如果天平仍然是平衡的，那么剩下的那个就是假币。

106 缺失的正方形

折叠正方形，然后打开，依此类推。正方形的一面是红色，另一面是黄色。

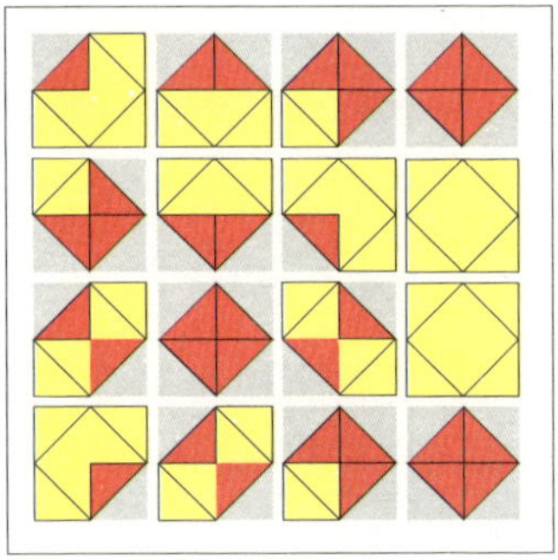

107 图形接力

F。

在每个图形中，蓝色的圆组合在一起，形成直边的多边形。从左向右，再从上面一行到下面一行，每个多边形的边数从 3 条到 8 条，分别增加 1 条。

108 燃烧的蜡烛

燃烧需要氧气，没有氧气就不能燃烧。

当蜡烛燃烧用完玻璃瓶中的氧气时，蜡烛就会熄灭，这时玻璃瓶里的水位会上升，以填充被用尽的氧气的空间。

109 哪一间房

史蒂夫敲了 305 房间，因为经理说计算机标示和房间的住客身份完全不符合，表示 305 房间里一定是两女或者两男；如果敲了 305 房间，听出了声音是男或女，就可知道 305 房间里是两男或两女。

假设 305 房间里是两男，则原本的 301 房间里一定是两女，而 303 房间里则是一男一女。

而另一种可能性是，305 房间里是两女，则原本的 303 房间里一定是两男，301 房间里则为一男一女。

110 图形填空

A。

因为题中左边图中的每个小方块都在右边的图中有小方块相对应。

111 重叠镶嵌

112 拼半圆

113 斗米斤鸡

于成龙说："农夫踩死的是一只小鸡，你并未喂多久。俗语说：'斗米斤鸡。'如今你的鸡死了，就不必喂了，你就会省了九斗米，你就应还农夫九斗米。"当时一斗米三百钱，九斗就是两千七百钱，米店老板当然赔本了。

114 小丑表演

115 想象图形

B。

在每一行中，交叉点向下移动。在每一列中，交叉点向右移动。

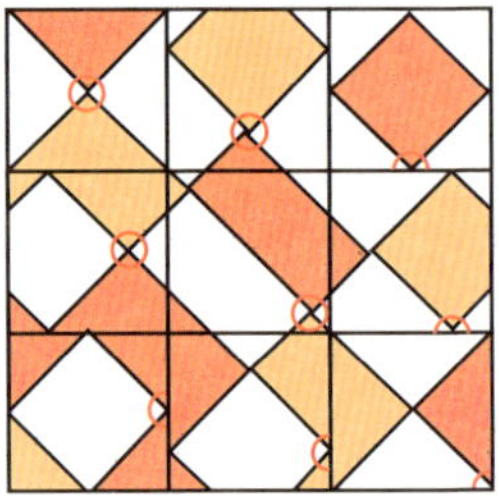

116 五格拼板游戏

如图所示。

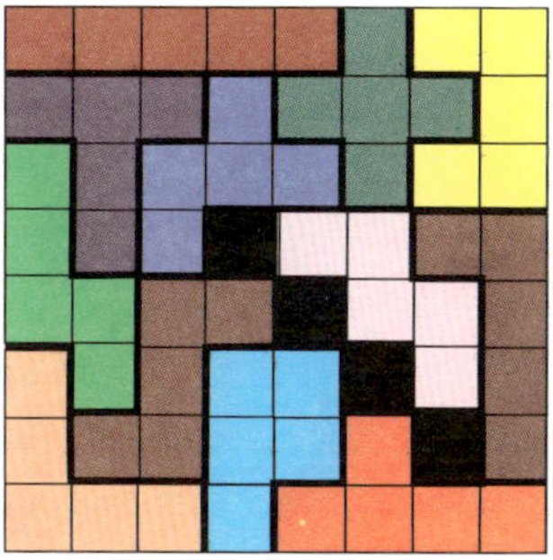

1

2

3

4

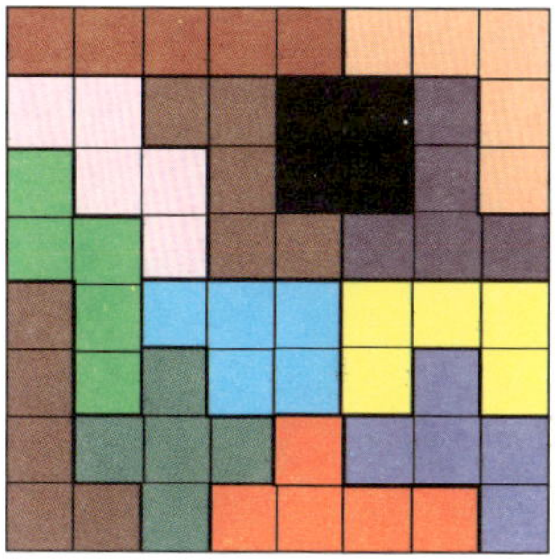

5

6

117 神秘的电文

处长告诉大家，“朝”不是某个人的名字，而是表示日期。这在中国古代汉语里是常见的。如果把“朝”字拆开则是“十月十日，”又有早晨之意，所以处长判断，接货时间应为“10 月 10 日早晨”。

118 移走木框

当木框按照正确的顺序移走后，得到的单词是 CREATIVITY（创造力）。

119 结的上色

1
4 种颜色

2
5 种颜色

3
5 种颜色

4
5 种颜色

5
5 种颜色

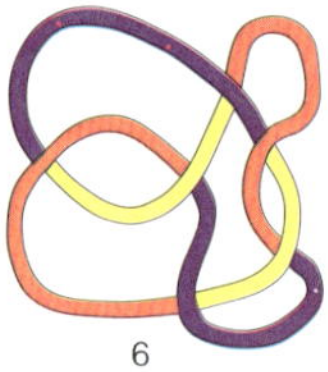

6
3 种颜色

120 旋转方框

这是不可能做到的。最接近的解如图所示。

121 圆桌骑士

n 个骑士在圆桌旁的排列应该有：$\frac{(n-1)\times(n-2)}{2}$种，即：

$$\frac{(8-1)\times(8-2)}{2}=21\text{ 种。}$$

另外的 20 种排列方法如图所示。

122 判断页码数

警长的算法是：开始 9 页每页用一个数字铅字，计 9 个；此后的 90 页每页用两个铅字，共计 180 个；再往后的 900 页百位数字的页码每页用 3 个铅字，共 2700 个。

因此推断出：这本书若是 999 页，就要用铅字：9+180+2700=2889（个）。但它只用了 2775 个字，因此书的页数在 100~999 之间。从第 100 页算起共需铅字 2775-189=2586（个）；因每页用 3 个字，所以，2586 ÷ 3=862（页），再加上前边的 99 页，这本书共有 961 页。

123 连续正方形拼在一个平面上

如图所示，这是一种可能的排列方法。

124 七巧板数字

125 奎茨奈颜色棒游戏

126 被偷得彻底的别墅

原来窃贼装扮成搬家公司的工人，所以才敢在大白天把小北家偷得这么彻底。

127 排列组合

有 5 种分配方法将 3 个不同的物体放在 3 个没有标记的碟子上。

128 瓢虫的位置

如图，19 个瓢虫分别在不同的空间内。

一般情况下，3 个三角形相交，最多只能形成 19 个独立的空间。

这一点很容易证明。两个三角形相交，最多能够形成 7 个独立的空间，而第三个三角形的每一条边最多能够与 4 条直线相交，因此它能够与前两个三角形再形成 12 个新的空间，所以加起来就是 19 个空间。

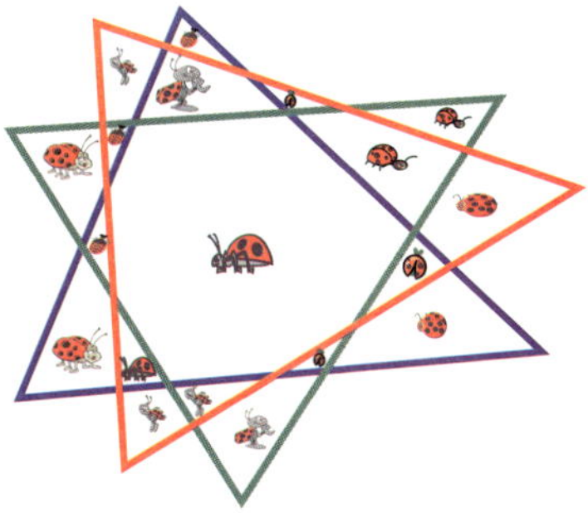

129 工人偷运橡胶事件

那些空胶桶就是偷运出去的橡胶。工人们先将橡胶提炼制作成桶形，待运出厂后，再将它熔化掉，转卖给他人。

130 分割五角星

131 六边形变成三角形

132 圆形七巧板

133 滑动链接

134 建造桥梁

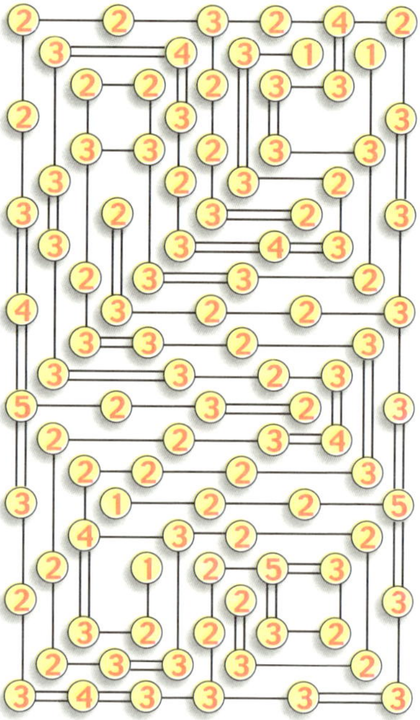

135 怪盗传递信件

原来，西夫在危急之中，摆脱了以往人们总是用手去传递信件的思维定式，他爬出窗口，脱了鞋，用手拉着窗框，把信件夹在脚趾上伸出去；他的同伙也如法炮制，用脚趾传递信件。因为脚比手长，所以他们成功了。

136 麦比乌斯圈上色问题

如图所示，至少要用4种颜色上色才能满足题目要求。

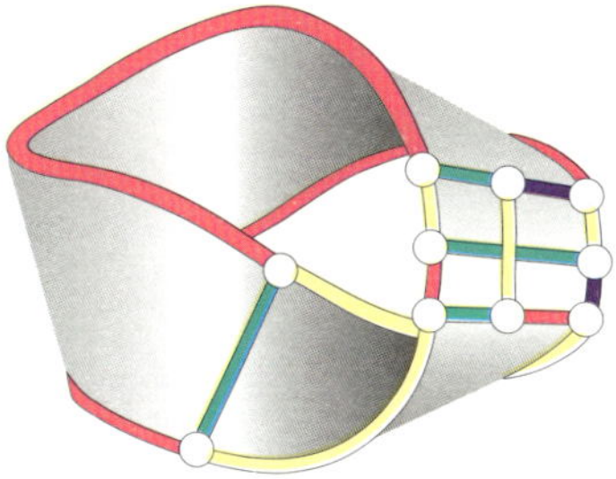

137 多格六边形

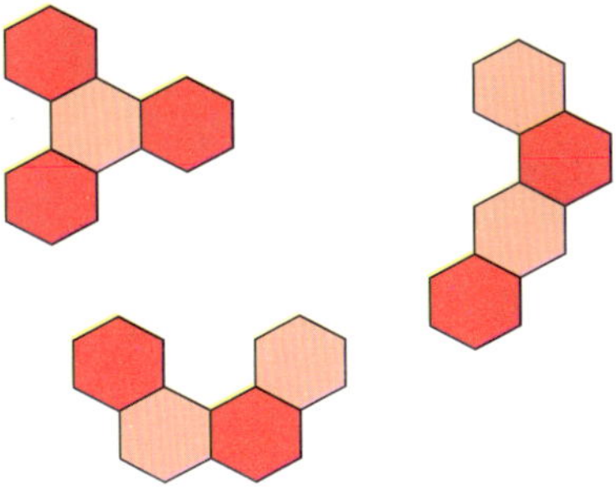

138 神秘的洞

沿L形的方向剪下正方形的一部分，然后将其向对角翻转，令有洞的部分居于纸张中心。

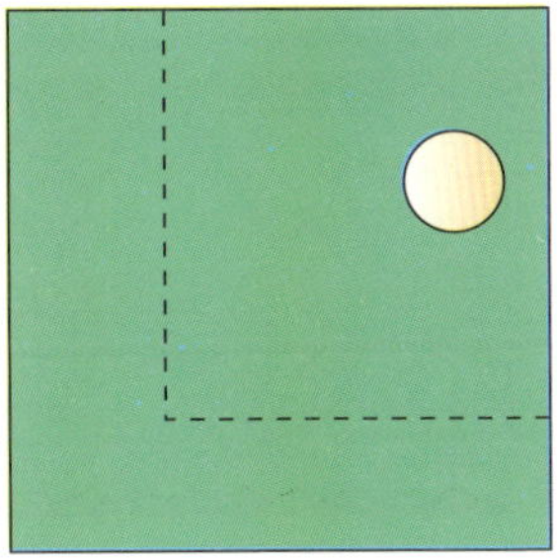

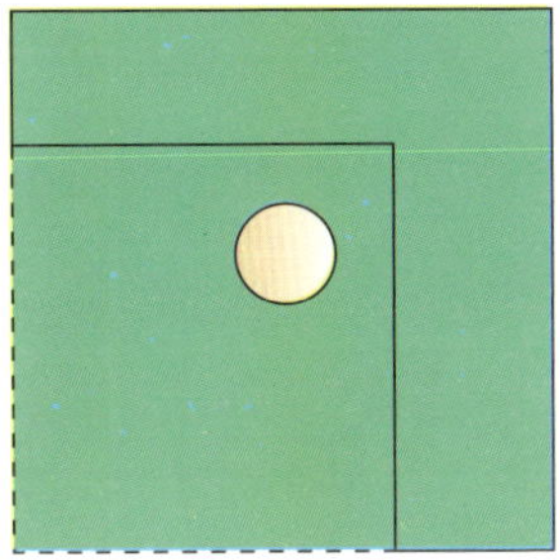

139 中毒

毒酒是温酒温出来的。这里的锡壶大多是铅锡壶，含铅量很高。酒保把铅锡壶直接放在炉子上温酒，酒中就含有了浓度很高的铅和铅盐，多饮几杯，就会出现急性中毒！

140 蜂巢迷宫

如图所示。

141 狡诈的走私犯

霍普走私的正是他每月定期开过海关的高级轿车，而他那3个神秘的行李箱是迷惑转移海关视线的工具。当海关人员为此而头昏脑涨时，也就忽视了走私的轿车。

142 多格拼板对称

如图所示。

143 五格拼板的 3 倍

如图所示。

144 数字游戏板

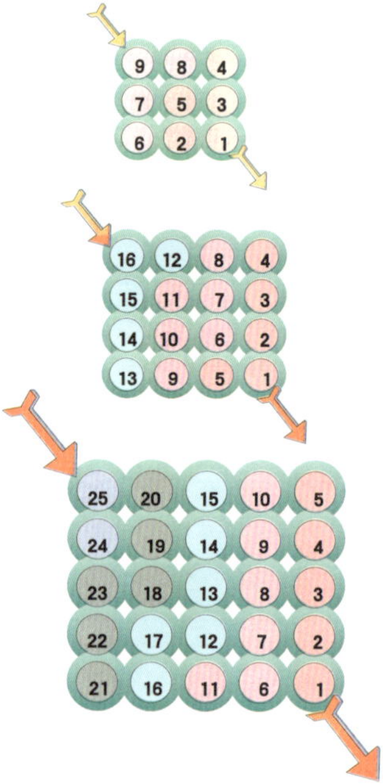

145 猫和老鼠

146 珠子和项链

基本的图案只有 3 种，然而通过不同颜色之间不同的排列一共可以串出 12 种不同的项链，如下图所示。

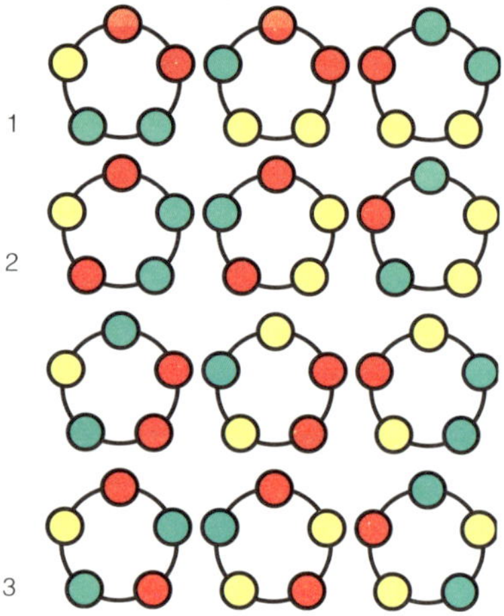

147 皇后的颜色对抗

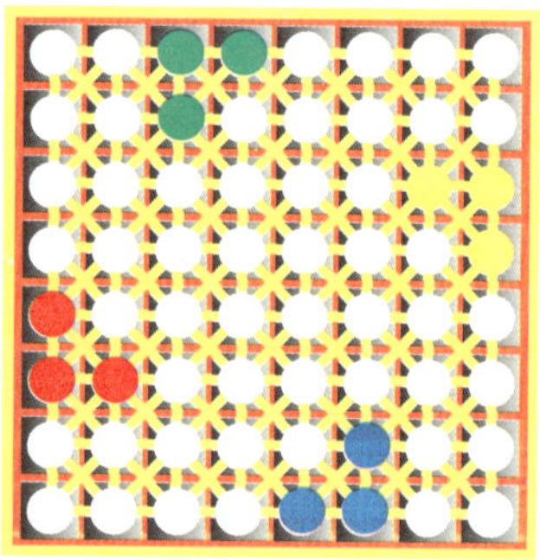

148 狙击手的绰号

大牛。

分析：从（1）、（5）、（6）情报得知，E狙击手就是未提及绰号的某人，换言之，从A狙击手到D狙击手都不是此人。根据上述这个关键和（4）、（5）情报进行推敲，我们可以知道：A狙击手就是“虎爷”。再从这个关键和（2）情报推敲，我们知道：D狙击手是“小马哥”。然后，根据这个关键和（3）情报推敲，我们知道，C狙击手是“白猴”。知道A、C、D狙击手的绰号后，剩下的B狙击手就是“大牛”。

149 六边形游戏

150 三角形与三角形

我们可以利用反向思维。如图所示，将三角形的底边3等分，将2个等分点分别用记号笔标注。然后从每个等分点出发分别画4条线段：2条线段分别与三角形的两腰平行，一条线段为等分点与三角形上面的顶点的连线，另一条是与另一等分点与三角形顶点连线相平行的线段。然后沿着这些线段把三角形剪开，这样就得到了12个三角形。

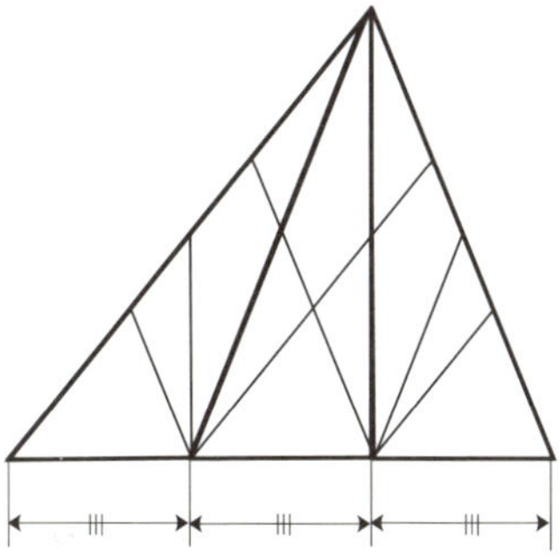

第四章　急智思维游戏

151 四色问题

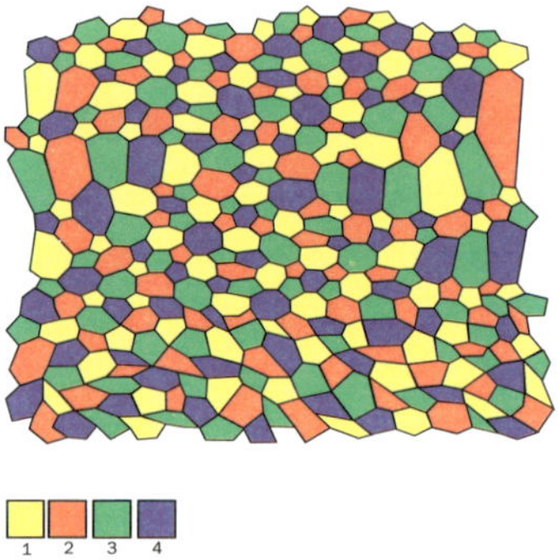

152 排列组合

有 27 种分配方法将 3 个物体放在 3 个有标签的碟子上。

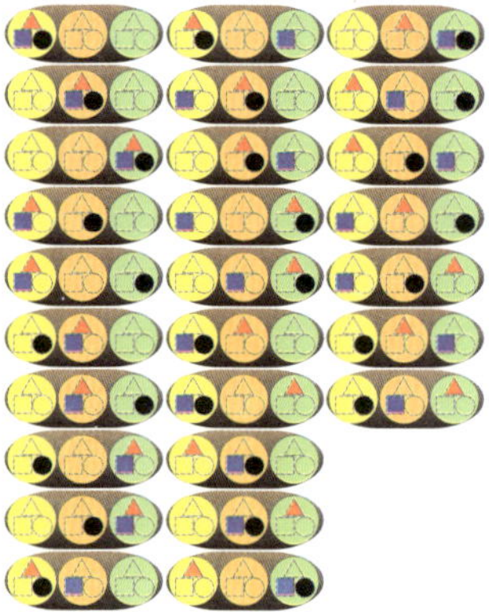

153 谁拿错了谁的伞

赵金拿了周锡的伞，钱银拿了赵金的伞，孙铜拿的李铁的伞，周锡拿了孙铜的伞，李铁拿了钱银的伞。

154 六彩星星

155 六角魔方

这个问题可不简单。

一共有 12！（12 阶乘 $=1\times2\times3\times\cdots\times11\times12=479001600$）

种方法将数字 1 到 12 填入六角形上的三角形中。这里只做了一种解法，如下图所示。

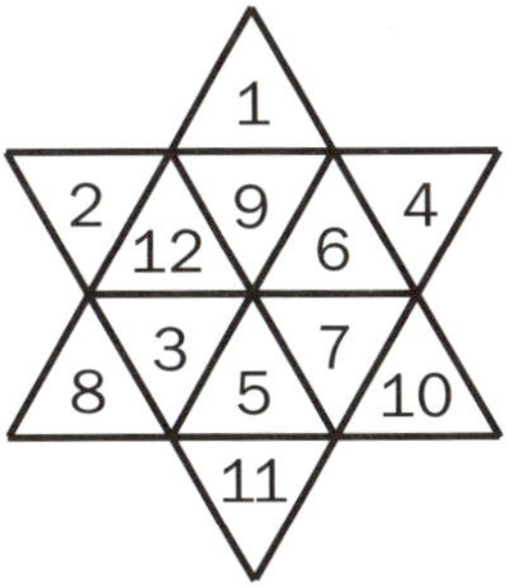

156 六角星魔方

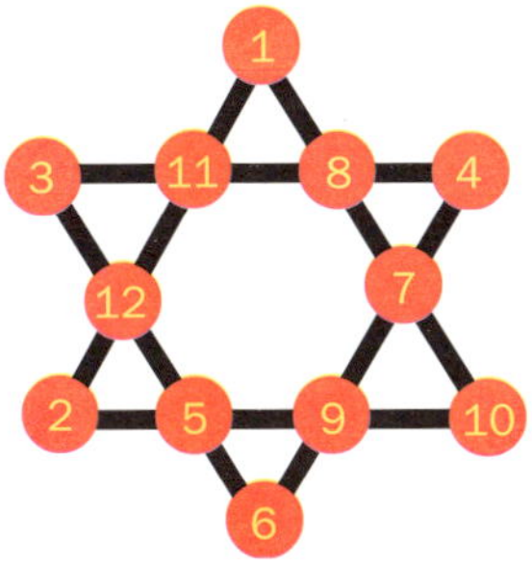

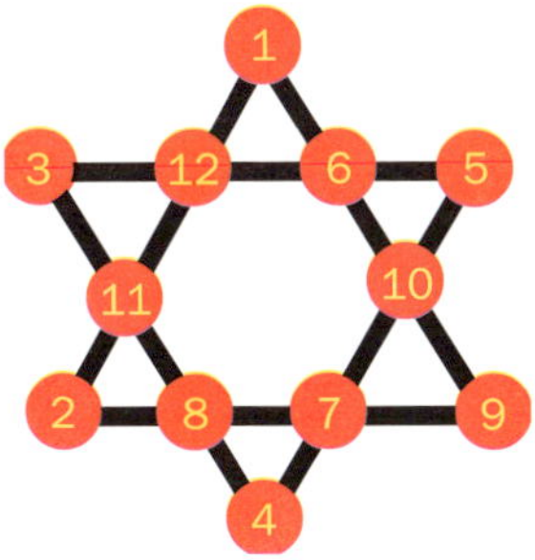

157 给正方形涂色

一共有 12 种不同的涂色方法，如图所示。

158 甲的帽子是什么颜色

甲、乙、丙 3 人戴的帽子的颜色有下面 6 种可能：红红红、红红蓝、红红黄、红蓝黄、红蓝蓝、蓝蓝黄。站在最后的丁说不出自己戴了什么颜色的帽子，说明前面 3 人肯定不是蓝蓝黄，否则他可以推出自己戴的是红帽子。丙前面两人戴的帽子的颜色可能是：

红蓝、红黄、红红、蓝黄、蓝蓝。但他也说不出自己戴的帽子的颜色，所以前面两人不可能是蓝蓝、蓝黄。因为如果是蓝蓝、蓝黄，丙就能推出自己戴的是红色的帽子。根据上面的推理，甲、乙的帽子的颜色只能是红蓝、红黄、红红，如果甲的帽子的颜色是蓝或黄，乙一定能推出自己的帽子是红色的。因为乙没有推出自己的帽子的颜色，所以甲的帽子一定是红色的。

159 连接色块

该题的解有很多种，下面是其中一种，如图所示。

160 连线

答案如图所示。原题中选的是 18 个点，其实任意多少个点都可以把它们从头到尾相连，且连线不相交。

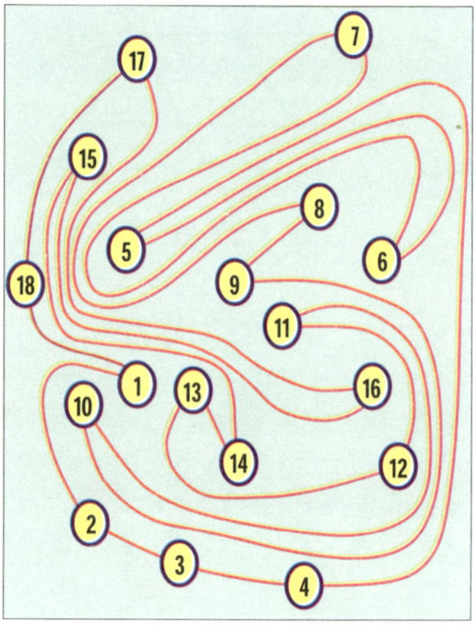

161 拼接三角形

根据我们前面已经学过的组合的公式，从 6 根棍子里选出 3 根来有 20 种可能性：

$C_n^r=6!/(3!\times3!)$

$=6\times5\times4\times3\times2\times1/(3\times2\times1)\times(3\times2\times1)=720/(6\times6)=20$ 种

但是并不是这 20 种组合都能够拼成三角形，根据“三角形两边之和必须大于第三边”的定理，3–4–7、3–4–8、3–5–8 这 3 种组合都不能组成三角形。

所以用这些棍子一共可以拼出 17 个三角形。

162 水族馆

如图所示，这里给出了其中一种摆放方法。

163 谜语专家的谈话

这个人的妻子。注意最后那句话里有很多可以相互抵消的说法。因此，姑表妹的母亲就是姑姑，姑姑的兄弟就是父亲（前面我们已经知道，这个人的父亲只有一个姐妹）。父亲的唯一的孙子就是儿子，而儿子的舅舅就是妻子的兄弟，他唯一的堂兄弟也就是妻子的堂兄弟，妻子的堂兄弟的父亲就是妻子的叔伯，妻子的叔伯的唯一的侄女就是妻子本人。

164 电影胶片

所得到的图案如下图所示。

165 八色金属片

将 8 个不同颜色的纸片拼入所给出的不规则图形中，且不出现重复，答案如图所示。

此类题目的解法同拼图类似，但是稍难一些，因为拼图一般都是将碎片拼成规则图形，而此题恰好相反。

166 比舞大赛

两个舞伴的每个人都分别换了一次姿势。

只有在两张照片中他们是变换

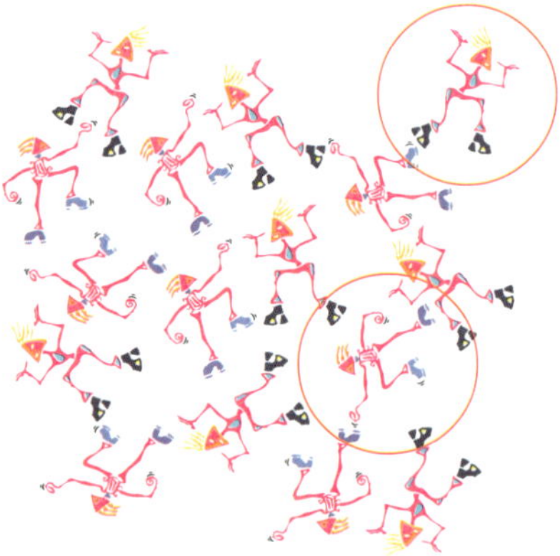

了姿势的（也就是说，成镜像），其他照片中显示的都是他们在旋转。

167 齿轮游戏

将中间的齿轮逆时针旋转一个颜色格，所有齿轮相接处的颜色都会相同。

168 最诚实的人

原来，谋士在光线暗淡的走廊里放了好几筐金币，凡是单独穿过走廊拿了金币装在自己衣袋中的人，就不敢跳舞。因为一跳舞，衣袋中的金币就会叮当作响。因此，不敢跳舞的人就不是诚实的人。相反，诚实的人在单独过走廊时，不会把金币私自装入腰包，当然就不怕跳舞露馅儿。

169 箭轮

这 9 个箭轮中除了最底行中间的那个之外，其他都是同一箭轮经旋转或反射所得。

170 三角形数

查尔斯 · W. 崔格发现了 136 种不同的排列方法。如图所示是其中的 4 种。

171 螺旋的连续正方形

11 个连续正方形可以呈螺旋状排列并且不留空隙，但是如果再加入第 12 个正方形，就出现空隙了。

172 失物招领处

根据（1）和（2），托马斯找回的是红色的手套；于是，多拉找回的肯定是蓝色的手套，而利比找回的是带花纹的运动衫。再根据（3），温妮找到的是蓝色的帽子，戴在了头上。而剩下的黑色运动鞋自然属于罗布。

173 数字不见了

5，这个方框包括：

1 个 1	1（1×1）
4 个 2	2 的平方（2×2）
9 个 3	3 的平方（3×3）
16 个 4	4 的平方（4×4）
25 个 5	5 的平方（5×5）
36 个 6	6 的平方（6×6）
49 个 7	7 的平方（7×7）

174 贪婪的书蛀虫

书蛀虫一共走了 2.5 厘米。书蛀虫如果要从第 1 册第 1 页开始向右侧的第 3 册推进的话，第 1 件事情就是先从第 1 册的封面开始破坏，之后是第 2 册的封底，接着是 2 厘米的书，然后是第 2 册的封面，最后是第 3 册的封底。期间，一共经过 2 个封面、2 个封底以及 1 册书的厚度，即享用了 2.5 厘米的美味。

175 地图上色

大多数地图都至少需要用 4 种颜色来上色，但是有些特殊的情况不用这么多的颜色，其中一种就是地图中只有直线的情况。

在这种情况下只需要2种颜色。这是真的吗?

确实如此，证明起来也相当简单。将线一条一条地画在一张纸上，每增加一条直线时，将新增加的直线的一边的地区全部反色，这使得在旧的邻边和新的邻边两边的颜色都不相同。

同样的证明也可以推广使用到邻边为穿过整个纸面的简单曲线或者闭合的圆圈的情况。所有这些可以用2种颜色上色的地图，其交点的邻边数都为偶数，因为在交点或者角落周围的地区必须是不同的颜色。事实上，可以证明，当一张地图上的所有交点处有且仅有偶数个邻边时，它可以用2种颜色上色。这就是两色定理。

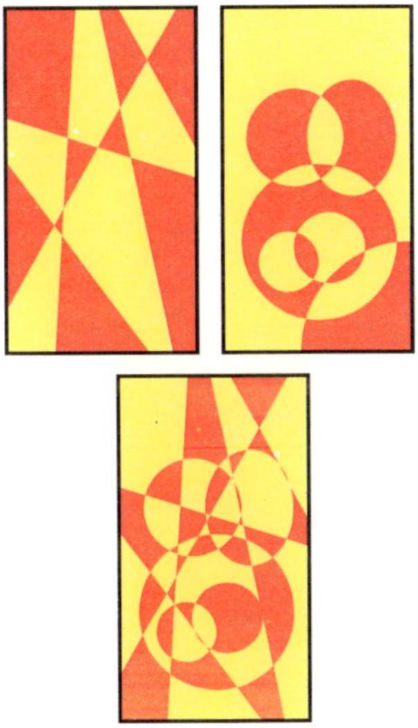

176 伪装

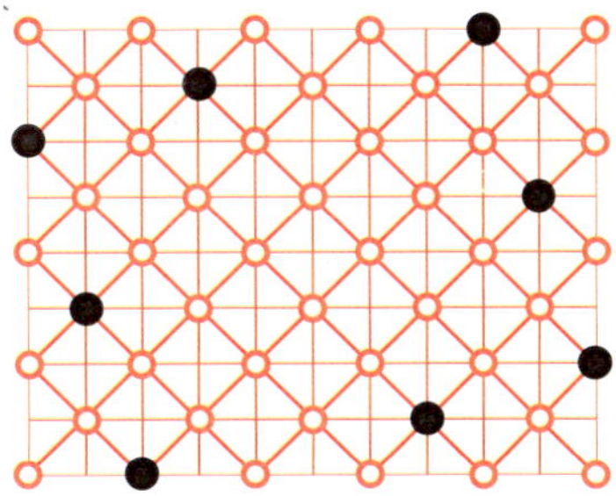

177 犹豫的冒险家

首先，根据黄宝石上的话，蓝宝石对应的是黄宝石。其次，根据红宝石的指示，紫宝石应该在红宝石或绿宝石下。可是，紫宝石不可能在红宝石下，否则按照蓝宝石的提示，绿宝石就会在绿宝石下，而这是不正确的。于是，绿宝石下的是紫宝石。再根据紫宝石的提示，可以判断出，紫宝石下的是红宝石，红宝石下的是蓝宝石。这样从左到右，我们可分别列出外宝石和内宝石的颜色：

外：红、蓝、绿、紫、黄；
内：蓝、黄、紫、红、绿。

178 第 3 支铅笔

第 7 支铅笔。

179 哈密尔敦闭合路线

解法之一。

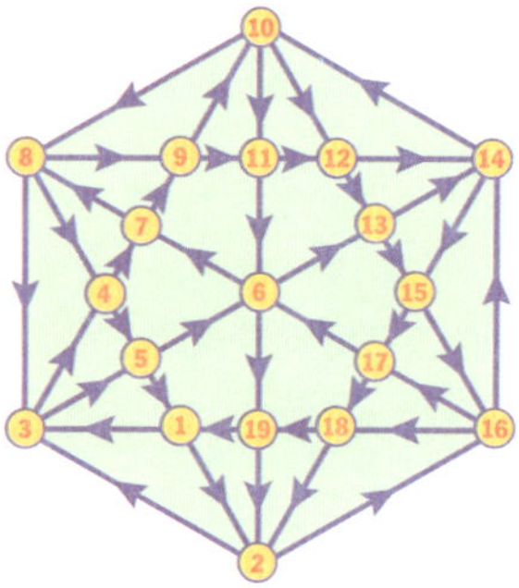

180 哈密尔敦路线

解法之一。

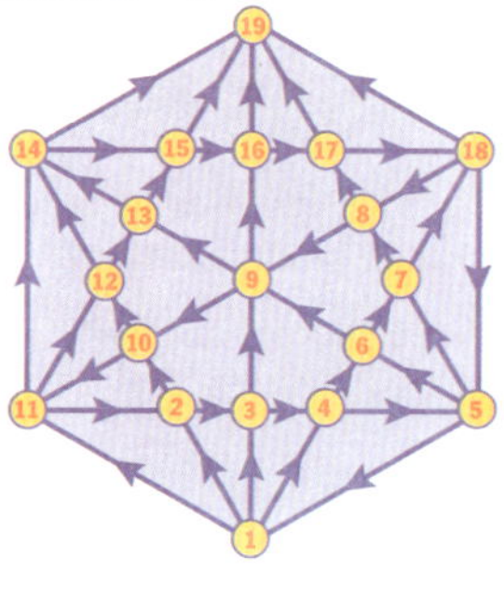

181 卡罗尔的迷宫

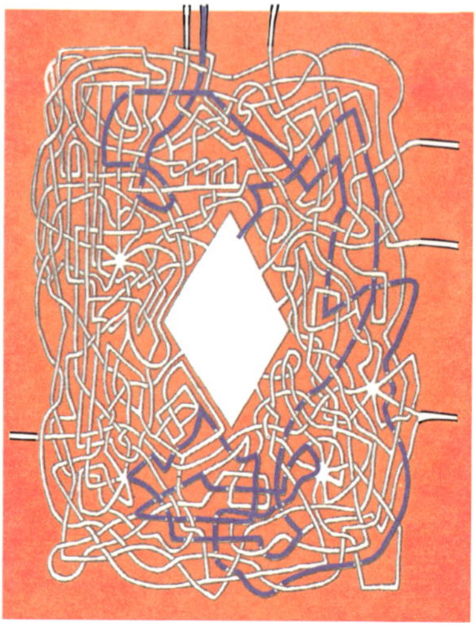

182 图案上色

如图所示，需要 4 种颜色。

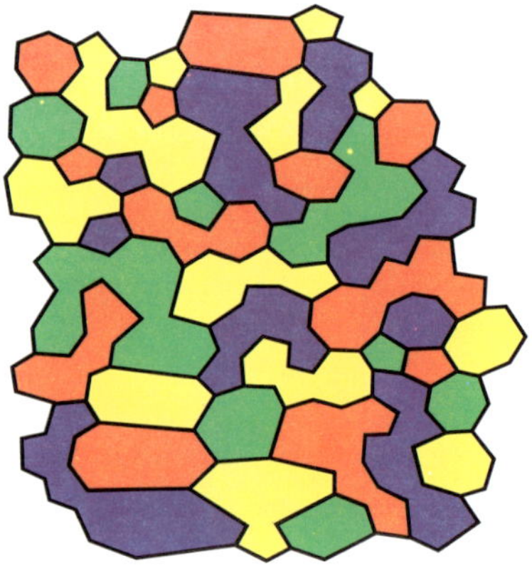

183 五格六边形游戏

如图所示。

184 被偷走的答案

乙偷了答案。

分析：共有 5 节课，其中有 3 节是斯特教授上的，且每名学生都上了 2 节斯特教授的课，

那么：

甲上了 2 节斯特教授的课；

乙上了 2 节斯特教授的课加上另 1 节课；

丙上了 2 节斯特教授的课加上另 2 节课。

丙上的课最多，可以先从丙开始推理，然后推断斯特教授、乙、最后是甲上的课。

第一节：丙、斯特、甲

第二节：丙、斯特、乙、甲

第三节：丙、乙

第四节：丙

第五节：斯特、乙

可见，在第一节斯特教授的课上，甲和丙来上课了，偷答案的是乙。

185 五格拼板围栏

如图所示。

186 电话密码

查理有时捂紧话筒，有时松开手。这样，保安处就收到了查理如下“间歇式”的情报：“我是查理……现在……黑塔旅馆……和目标……在一起……请……快……赶来……”

187 有钉子的心

如图所示。

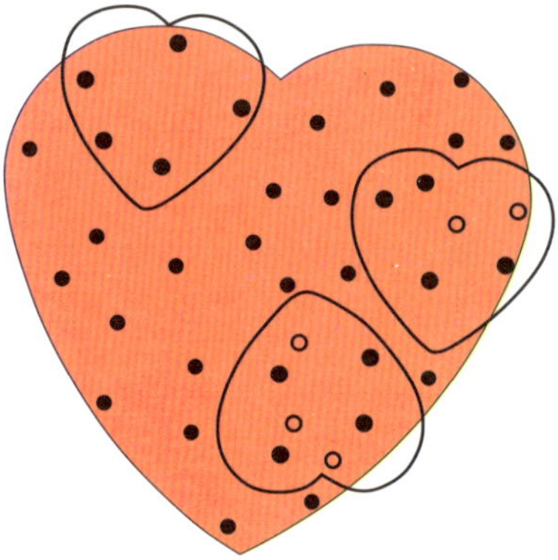

188 图案上色

这两个图形都只需要用 3 种颜色上色，如下图所示。

189 第 5 种颜色

格雷格的地图只是愚人节的一个玩笑罢了。

四色定理在 1976 年被证明，也就是说平面中的任何地图只需要 4 种颜色上色。

在马丁·加德纳这篇文章发表后，马上就收到了成百上千的读者来信，信中是他们用 4 种颜色上色的格雷格的地图，下图就是其中的一种。

190 折叠问题

这些纸条的折叠顺序应该是3-8-1-10-5-7-4-6-2-9。

191 翻转玻璃杯

最少需要3次。

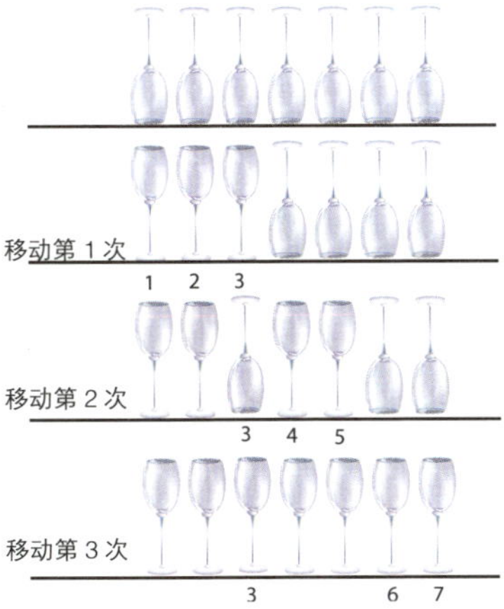

192 交换情报

这两个间谍利用了浴室里的镜子。淋浴的时候，镜子上笼罩了一层雾气，可以写字，等雾气散去时，字迹就不见了，从而可以掩盖一切证据。

193 纸条的结

4与其他5个都不同，其他的都只有1个连续的结，而4是由2个结组成的。

194 中断的直线

绿色的线。

195 审问石头

包公对人们解释说："你们瞧男孩的手上满是油，他数过的钱上也一定沾满了油。这个人扔到盆里一枚铜钱，水面上立即漂起一层油花。所以，他的铜钱就是趁着小男孩儿睡觉的时候偷来的！我审石头，只不过是要大家围拢过来而已。"

196 彩色方形图

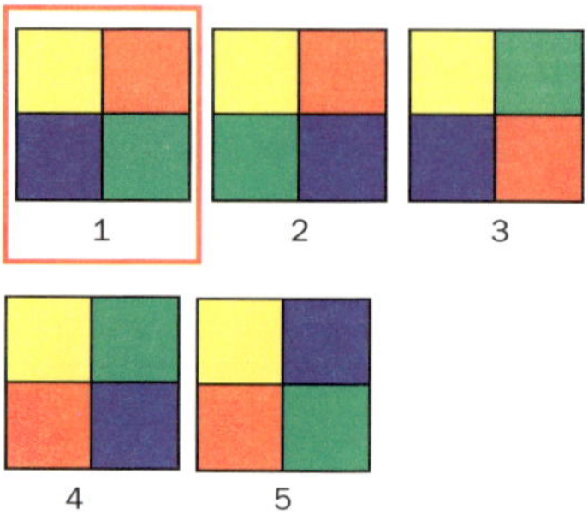

197 光路

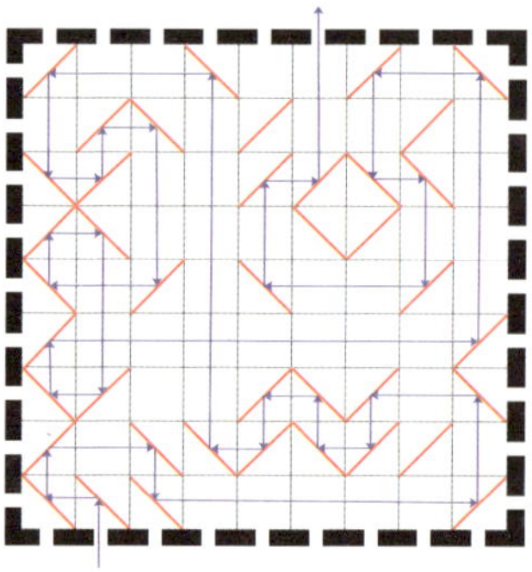

198 分割多边形

一般情况下，正多边形能够分割成不相交的三角形的个数从三角形开始分别是：

1，2，5，14，42，132，429，1430，4862,…

这些数也被称之为加泰罗尼亚数字，以尤根·加泰罗尼亚（1814 ~ 1894）的名字命名。它们在组合数学的很多问题中都经常出现。

199 智破伪证

“那么受伤以前，你能举多高呢？”原告下意识地很快把手举过了头顶。顿时，原告露出了马脚。

200 拼接六边形